尼泊爾努日基摩普密境 Pung Gyen 雪山之蓮師閉關洞，海拔 4000 多公尺。

ཤུད་མོ་ལུང་། འབྲས་མོ་གཤོངས། པདྨ་བཀོད།

走過蓮師三大隱密聖境

尼泊爾‧基摩礱／錫金‧哲孟雄／西藏‧貝瑪貴

འབྲས་མོ་གཤོངས།

第貳章
哲孟雄（錫金）

པདྨ་བཀོད།

第參章
貝瑪貴（西藏）

自序

緣起

一切，要從上世紀末說起～

1999 年，偶讀《西藏生死書》，藏傳佛教像粒種子落入心田，那時完全沒想到這粒種子，會在我往後人生逐漸發芽、開花、結果，茂盛成林！

2002 年，因緣和合，辭去高薪工作轉進法鼓文化出版社，皈依聖嚴師父，修習漢傳佛法。不久，因採訪蒙藏委員會委託法鼓山主辦的「漢藏佛教文化交流班」，認識來自海內外的紅袍藏僧，又在好友帶領下參加藏傳佛教法會，從此結下不解之緣！

2004 年，先生工作重心轉移北京，我辭掉工作，海峽兩岸來來去去，身心時間皆自由，決定深入大藏區探訪。

2005 年 5 月，揹著大小背包共 20 公斤出發，順時針環繞滇藏川大藏區一圈，獨行近兩個月。一路最有緣、印象最深刻的寺廟都屬寧瑪派傳承。

與蓮師在藏地的初相遇，終生難忘！獨行旅程剛開始，前往雲南迪慶藏族自治州梅里雪山雨崩神瀑，在海拔 3000 多公尺處，遠遠看到右側山腰緊貼岩壁有座小廟，居高臨下，彷彿在呼喚我～

返程特地沿陡坡往上爬，原來是一間供奉蓮花生大士的石砌小廟，以 1000 多年前蓮師修行洞為基礎修建。我掛上風馬旗，點燃酥油燈，對著蓮師虔誠祈禱，感覺身心都受到無上加持。

那時我還非藏傳佛教徒，能瞬間生出虔誠心，想必是受聖地氛圍和歷代高僧大德修行能量加持之賜！更有可能因為自己前世就是寧瑪弟子！

2009 年，因緣成熟，正式皈依寧瑪派白玉傳承堪布徹令多傑仁波切，在上師引導下次第修習大圓滿法，對教法、蓮師俱足信心。

蓮師曾允諾：「只要弟子用虔誠、渴望的旋律吟唱七句祈請文和心咒祈請我；用法器的敲擊聲熱烈地呼喚我，我將立刻從銅色吉祥山到來，予以加持，像無法抗拒愛兒呼喚的母親。這是我的誓言。」

蓮師也曾開示：「任何聽聞或讀誦我生平故事的人，都將得到利益和加持。」

憑藉著對蓮師深厚的信心，不自量力的我於 2014 年發願拜訪蓮師在大藏區閉關、加持過的聖地，藉由圖文記錄，與對蓮師具足信心的有緣眾生結緣。

一開始困難重重，資料零散，地域廣闊（大藏區總面積近 70 個台灣大），山高路遠，一路跼跼而行。幸而龍天護法、諸佛菩薩化現僧俗二眾相助，引領我圓滿朝聖了 74 處蓮師聖地[1]。

在搜尋資料時，意外獲悉蓮師加持過的眾多聖地中，公認最殊勝的有四大隱密聖境。因年代久遠，昔日屬土蕃（西藏古名）管轄，如今分屬不同國家：

東方「堪巴隆」（位於今之不丹）

南方「哲孟雄」（位於今之錫金）

西方「貝瑪貴」（位於今之印藏邊界）

北方「基摩礱」（位於今之尼泊爾）

四大隱密聖境就此鑴刻心田，後來又多次看到這名詞，渴慕之心高漲，但對四大密境地理方位的判別始終一頭霧水。

拿出地圖，不丹位於錫金東側，不丹往東偏北就是印藏邊界貝瑪貴，錫金往西偏北就是尼泊爾基摩礱。無論如何變換視角及站立位置看，四大密境的相關方位都對不攏！

---

[1]　74 處蓮師聖地收錄於《蓮師在西藏——大藏區蓮師聖地巡禮》第一集和第二集，橡樹林出版社出版。

請教幾位知道四大密境且去過其中一二的仁波切和堪布，回答都是：「不能以現代地理位置和方位概念去觀待！」

　　聖者開示：「從了義角度看，密境並非是一塊實體存在的土地；密境不在我們之外，而是在自己的內心。一個人若能透徹了知自心本性，就能抵達密境。」

　　理上雖明白，但凡夫如我仍然不願放下，仍然執著想要親自走一趟！

　　或許因為信心強烈，因緣逐漸具足，幾年來陸續朝聖了其中三大密境，獨缺未對外籍人士開放的不丹堪巴隆。

　　所有和蓮師有緣，所有對蓮師具足信心的人，請隨我一步一步走過蓮師授記的三大隱密聖境吧！

和蓮師初相遇於雲南省迪慶藏族自治州梅里雪山蓮師閉關洞。

སྐྱིད་མོ་ལུང་།

第

壹

章 基摩礱 （尼泊爾努日）

總介

尼泊爾古名尼婆羅，北鄰西藏，另三面與印度接壤，全國大多信奉印度教，只有 8% 的人信奉佛教，但追本溯源，尼泊爾也是佛教聖地，不僅釋迦牟尼佛和迦葉佛出生於尼泊爾，昔日蓮師授記加持的四大極密聖境之一「努日基摩礱」，也位在尼泊爾北部喜瑪拉雅山區。

尼泊爾於 1923 年脫離英國殖民地獨立，面積約台灣 4 倍，地形以高山為主，全國有四分之一多的土地海拔超過 3000 公尺，並有 8 座 8000 公尺以上的世界高峰。

人口約 2300 萬，本土種族多達數十種，加上移居而來的印度人和西藏人，語言、文化和生活習慣琳琅滿目，基本上彼此尊重共存。

尼泊爾長期居住在山區靠近邊境的人們，被學者視為原住民，合稱為「喜瑪拉雅族」，他們其實就是古藏族，無論人種、語言、文化、宗教等，都和喜瑪拉雅山脈北面的西藏相似。

西元 7 世紀，吐蕃國王松贊干布迎娶尼婆羅尺尊公主，兩國有了密切交流，也因尺尊公主篤信佛教，將佛法帶進了西藏。

西元 8 世紀，吐蕃國王赤松德贊派遣使者前往天竺迎請蓮花生大士入藏，當時蓮師正在尼泊爾揚列雪聖地閉關，經由喜瑪拉雅山入藏，一路調伏眾多鬼神，命祂們立下誓約守護佛法。

在蓮師、寂護大師和赤松德贊（三人被尊稱為師君三尊）努力下，佛法於西藏紮根，遍地開花。蓮師預測後世佛法式微，多有劫難，便走遍西藏國土尋找殊勝地，予以授記加持並伏藏。所到之處，就包括了努日地區（Nubri）。

1998 年馬納斯魯（Manaslu，世界第八高峰，海拔 8163 公尺）自然保護區設立，遊客前往需先申請許可證。努日位於保護區內，行政上屬於廓爾喀（Gorkha）區。

努日和尼泊爾其他地區最大不同之處在於：絕大多數居民都信奉藏傳佛教；Tashi Delek 藏族問候語處處可聞；瑪尼牆、瑪尼堆和佛塔遍布山徑；婦女穿著傳統的藏族服飾……。

　　行走在努日，會錯覺身在雪域西藏高原。

　　藏族稱此聖地為「努日基摩礱」。藏語努日的意思是「西方的山」，為什麼如此稱呼？回溯到 8 世紀，蓮師在吐蕃弘法圓滿後，觀察未來因緣，西南方有一食肉羅國，若不加以調伏，將會侵害南閻浮提眾生，於是自芒域貢塘（位於今日西藏自治區日喀則中尼邊境吉隆）離開吐蕃，從那裡望過來，努日這一帶的雪山就位於西方。

努日基摩礱密境神山 Pung Gyen 雪山（即馬納斯魯峰）。

努日一帶有許多藏傳佛教寺廟。

至於「基摩礱」是什麼意思呢？

如今在努日看到的「基摩礱」英文均寫 KYIMOLUNG，藏文寫 སྐྱིད་མོ་ལུང་། ，意思是快樂愉悅的山谷。但依據白玉努日分寺堪布札西徹令仁波切說明，昔日原本稱為 ཁྱི་མོ་ལུང་།（契摩礱），因為此密境輻員廣大，共有東南西北四個護城門，每個護城門入口都有一隻狗（護法化身）守護著，所以首字是 ཁྱི（藏語狗）。

蓮師加持授記的聖地中，一般都認可有身、語、意三大聖地及四大隱密聖地。其中代表身的大聖地崗底斯雪山（即西藏崗仁波齊神山，海拔 6638 公尺）最為殊勝，而四大隱密聖地中，與岡底斯雪山無二的便是基摩礱的波堅雪山（即馬納斯魯峰）。堪布表示：如果無法前往岡仁波齊神山轉山，只要轉波堅雪山，功德無二分別。

前奏曲

2018年10月，台北市「大方廣佛學講修苑」堪布札西徹令仁波切（尊稱努日堪布）帶領台灣弟子及加德滿都前譯紀念學校高年級學生，徒步返回故鄉努日，朝聖及探親。

我不是努日堪布的弟子，但我上師堪布徹令多傑仁波切和努日堪布相識已久，同為被貝諾法王讚揚的南卓林佛學院第一屆昇座的五大傑出堪布，加上努日堪布（以下簡稱堪布）主要弟子之一的稻香師姐是我多年好友，因此得以同行。

諸佛菩薩護佑，長達17天的山區朝聖之路，雖然險遇多處崩崖、坍方和土石流，但都有驚無險通過，而且天氣良好，只有一天傍晚下雨後轉為下雪。

為了「挖寶」努日基摩礱歷史文化及聖跡資料，我一路緊隨堪布，不斷提問。剛開始堪布叫我藏名「袞秋拉嫫」，之後知道我每年都前往蓮師密境貝瑪貴參加大法會；多次朝聖貝瑪貴神山聖湖；曾在貝瑪貴短期正式閉關；年過六旬，體力不輸中年人……，堪布就改叫我「貝瑪貴人」了。

當下聽了無比歡喜，後來又知努日堪布22歲前往南印度南卓林寺依止貝諾法王，進入佛學院就讀時，因他是第一個來自努日的學僧，法王不叫他本名，總是叫他「努日」，其他所有人也隨之尊稱其為「堪布努日」。

努日和貝瑪貴都是蓮師授記的極密聖境，能被以密境名代替人名，是多麼榮耀啊！

在撰寫本文前，我回看當時拍攝的照片及錄影錄音（有生以來，我首次在一段旅程中錄音錄影多達50則），無盡感謝堪布在辛勞（因陽光強烈加上爬坡，大多時候額頭冒汗，腳也走到起水泡）徒步之際，隨時隨地滿我願，有問必答。可以說我對努日基摩礱的認識，超過八成都來自堪布口述。

錄音最後一則是要離開努日前一晚僧眾在大殿修施身法，回聽著唱誦，感觸良深，位於海拔 3000 多公尺的大殿，於 2015 年尼泊爾世紀大地震時，牆壁梁柱出現龜裂微傾，被列為危樓，還在等待堪布籌款重建！

堪布曾表示，由於自己出生在努日基摩礱蓮師聖地，自幼就有一種要盡己所能去弘揚佛法的使命感，人身難得，總想著要為這世間留下一點東西，才不會白來一趟，本著這種想法，便以興建寺院和創辦學校貢獻給世界。

至於為什麼選擇在尼泊爾？因為自己國籍就是尼泊爾，在這兒做事比較方便，但對象不分國籍不分種族，前題是只要對眾生有利便義無反顧去做。

這樣一位悲憫眾生、利益眾生的上師，卻於 2021 年示現圓寂了。

我眼眶一熱，淚水潸潸流下～

謹以此朝聖基摩礱密境的圖文記錄，向努日堪布獻上我無限的崇敬！祈願堪布早日乘願再來，利益眾生！

台灣弟子與努日堪布以基摩礱神山波堅雪山為背景合影。立者左三舍桑堪布繼努日堪布後擔任台北市大方廣佛學講修苑住持（感謝舍桑堪布在我撰稿過程也提供許多資料）。

堪布札西徹令仁波切（努日堪布）

堪布札西徹令仁波切出生於尼泊爾喜瑪拉雅偏遠山區——蓮花生大士所授記的隱密聖地「努日・基摩聾」。因此，後來人們尊稱他為「努日堪布」。

8 歲起，依止閉關實修者阿闍黎徹望諾布仁波切學習。徹望諾布仁波切不僅為堪布的教育奠定基礎，賜予教法甘露，其樸實並堅守原則的山居宗風，更明顯影響了努日堪布日後為人及弘法態度。努日堪布總是對人謙和，隨時帶著開朗笑容，不願議論他人的過失。

堪布札西徹令仁波切（尊稱努日堪布）。

努日堪布也從頂果欽哲法王、多珠欽法王等許多上師處，求得諸多教法。

22 歲時，跋涉前往南印度南卓林寺依止貝諾法王，進入前譯寧瑪高等佛學院就讀，學習顯密經續，圓滿九年課程。

1989 年正式陞座為堪布，隨後在佛學院任教。貝諾法王曾不止一次地讚嘆其所為之昇座的堪布中，以第一屆的五位堪布最為優秀傑出（其他 4 位為：堪布旺秋索南［已圓寂］、堪布徹令多傑、堪布吉美嘎桑以及堪布蔣揚徹令）。

1995 年，努日堪布首度訪台，駐錫於貝諾法王道場「新店白玉佛法中心」。後來銜負法王指示，返回家鄉努日，於 2000 年建立白玉分寺，法王親自賜名「菩提增廣洲寺」。

2003 年，在台北市成立「大方廣佛學講修苑」，為台灣弟子長期講經，說法不輟。

2009 年，貝諾法王示寂，堪布返回南印度，擔任貝諾法王創建的南卓林寺佛學院院長，任期一年有餘。

2015 年，尼泊爾遭逢巨震。堪布為了接濟並照護受災嚴重的廓爾喀地區孩童，乃於加德滿都成立一所寄宿性質的慈善學校——前譯紀念學校，撫養來自喜馬拉雅山區貧寒或失親家庭的孩童，提供世俗及佛法教育。

2019 年，堪布榮獲尼泊爾政府單位頒贈馬納斯魯國家獎（Manaslu national award），表彰他在尼泊爾各領域孜孜不倦的社會服務，以及在偏遠廓爾喀山區做出的卓越人道救助工作。

2020 年，新冠疫情肆虐，堪布選擇留在尼泊爾，與前譯紀念學校的孩子們一起共同防疫，讓孩子們感到安心與被愛。

2021 年 6 月 17 日，堪布利生事業暫時圓滿，於加德滿都圓寂。

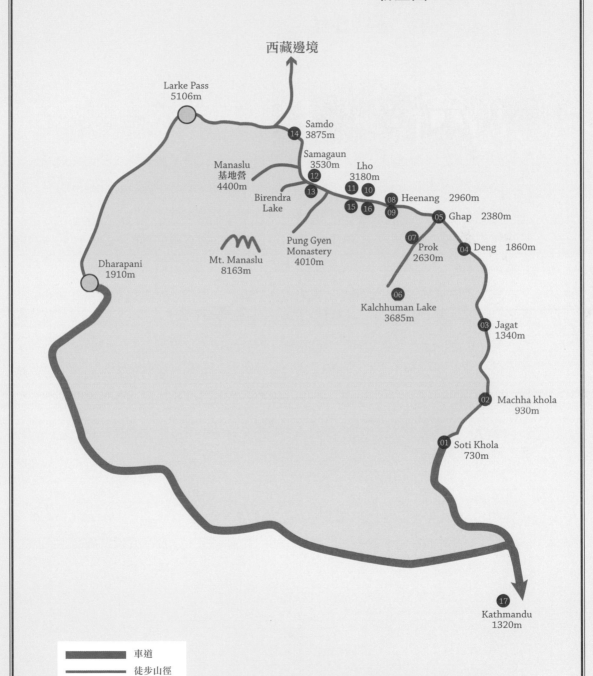

努日基摩礱
朝聖圖 MAP

北

西藏邊境

Larke Pass
5106m

Samdo
3875m
14

Manaslu
基地營
4400m

Samagaun
3530m
12

Lho
3180m
11 10

Birendra
Lake
13

Heenang   2960m
08
15 16
09

Pung Gyen
Monastery
4010m

Ghap   2380m
05

Mt. Manaslu
8163m

07

Prok
2630m

Deng   1860m
04

Dharapani
1910m

Kalchhuman Lake
3685m
06

Jagat
1340m
03

Machha khola
930m
02

Soti Khola
730m
01

Kathmandu
1320m
17

車道

徒步山徑

第 0 天 ▶▶▶ 等待啓程

提前兩天於加德滿都集合，除安排朝拜敦珠法王舍利塔外，自由活動。

加德滿都這海拔 1300 多公尺的谷地城市，無論對佛教徒或觀光客都散發出無比吸引力，但我已來過多次，此回主要為朝聖努日，因此除了滿願塔，其他都略過。

2015 年大地震時滿願塔龜裂受損，後在信眾護持下已修復，變得嶄新明亮。堪布為我們安排的旅館緊臨滿願塔轉經道，晨昏繞塔非常便利。

我喜歡夜晚去繞塔，店家關門，白日逛街喧嘩的遊客都回旅館休息了，朝聖的佛教徒也逐漸減少，只餘稀疏零落的繞塔人影，持續與諸佛菩薩會心交流。

我也喜歡清晨天微亮去繞塔，世界還未甦醒，大多數人都還在睡夢中，滿願塔四周卻已逐漸沸騰，除了在內圈空地做大禮拜的修行者和在家人，塔外轉經道上是一個又一個手持念珠或小型轉經筒的虔誠信眾，摩肩接踵但又保持著恰恰好的前後距離，不至於相撞，腳步或大或小，速度或疾或徐，很有默契地以順時針方向如潮水般沿轉經道流動。

空氣中瀰漫著梵香和煨桑的味道、化緣僧人的誦經聲、信眾低聲持咒聲，形成共鳴，迴盪在身心內外～

新修復的滿願塔。

第 1 天 ▶▶▶ 返鄉路迢迢

努日堪布認為良好的教育是維護世界和平的重要因素，也是我們身為 21 世紀人能留給下一世代最善良美好的分享。因此，2015 年在加德滿都創立了以佛學為基礎的前譯紀念學校，免費提供家境困苦孩子寄宿就讀，學雜費全免，食宿及日常所需也由校方負責，這對山區弱勢家庭是一大福音，紛紛將小孩送來入學。

2015 年尼泊爾大地震，山上僧寮倒塌，僧眾暫住帳篷，生活刻苦，因寺中小喇嘛大多來自窮困家庭，有些還是孤兒，堪布便將年幼的小喇嘛遷到前譯紀念學校，先接受現代教育。

2018 年全校學生 660 位（含小喇嘛），其中不少學生來自努日地

10 月 11 日一早，全體於前譯紀念學校集合，搭巴士出發，晚上抵海拔 730 公尺的 Soti Khola，於河邊空曠處紮營，隔天要沿菩提甘達基河（Budhi Gandaki）開始徒步。

區，地震後由於努日災情嚴重，加上返鄉路遙，他們已 3 年未回家。10 月，堪布決定利用秋季長假，帶領高年級近百位學生徒步返回家鄉，除了讓他們和家人團聚，主要想帶他們朝聖蓮師聖地，瞭解自己故鄉努日的文化價值。

第 2 天 ▶▶▶ 持咒走過坍方

　　2015 年 4 月 25 日，尼泊爾發生 7.8 級強震，震央位於廓爾喀區，造成 9 千多人死亡，2 萬 3 千多人受傷，之後大小餘震持續兩個月。當時我參加台灣組團的 EBC 聖母峰基地營健行隊，剛好走到海拔 4900 公尺處，平安下撤，尼泊爾政府對外宣布封山，暫停喜瑪拉雅山區登山健行申請。

每天一開始都由堪布打前鋒，弟子隨行。堪布後方是年逾 70 的謝師兄，
朝聖的願心和毅力令人敬佩。

每日晨起，學生都在帳篷外課誦。　　邊坡崩坍，土石和樹木一起滑落後，河谷被切割得更深。

　　由於 EBC 一帶每年前往的國外登山客人數眾多（是馬納斯魯峰的 10 倍），旅遊業發達，尼泊爾政府修復迅速，很快就重新開放，隔年 10 月我們再組團前往，成功抵達海拔 5364 公尺的聖母峰基地營。

　　很明顯地，馬納斯魯峰一帶比較不受重視，修復拖延，第 2 天和第 3 天經過的地區仍有大地震造成的崩坍痕跡，並不時有土石往下滑落，我們只能邊持咒邊快速通過。

第 3 天 ▶▶▶ 路況漸入佳境

此行台灣弟子共計 11 人，大多已上年紀，平常很少登山露營，帳篷睡兩晚就有弟子表示腰酸背痛，又有弟子說半夜好冷睡不著。

慈悲的努日堪布獲知，立刻派人聯絡，讓弟子自今晚起改住民宿。

民宿非常簡陋，小小空間內只有兩張單人木板床，廁所在外面共用，但大家還是覺得比住帳篷好。

看來，「以地為席，以天為幕」的快樂，只有我這種自國中開始登山、經常夜宿荒野的老鳥才能體會。

經過寬闊河谷及陡峭崖壁，令人聯想「壁立千仞，無欲則剛」。

煮食百人大隊人馬的每一餐，就靠這些超大鍋具。

路過土石流地段。

山區溪谷多，吊橋成為連接溪谷兩側的美麗弧線。

第 4 天 ▶▶▶ 遇見蓮師閉關修行洞

前 3 天算是暖身，昨晚住海拔 1340 公尺的 Jagat，今天開始，旅館招牌出現努日的標示了。

山徑前面遠方出現積雪山峰，堪布對緊跟在後的我說：

「前面右下方河邊有一個蓮師閉關修行洞。」

「我們去嗎？」我興奮地問。

堪布猶豫了一下回答：

蓮師閉關修行洞面向河流（圖右下方），四周野草蔓生。

山徑緊沿陡峭崖壁，這是條古老的鹽路，
下方為菩提甘達基河，堪布介紹幾百年前
這裡還是西藏領土。

堪布說沿途這種小佛塔共有108座，是兩百年
前一位叫帕貝瑪敦珠的修行人發願蓋的，已很
破舊但都還在。不過因山路改道過，有些塔在
舊路看不到。

「有幾個弟子落後很遠，時間不太夠不去了，我們去左邊空行母跳舞供養的地方，比較近。」

這附近都是草坡，山路左側的巨石區顯得非常突出，巨石旁有條小路通往山坡上，沒幾步就看到巨石後方草叢散布著許多略小的巨石。陽光閃爍下，巨石雪亮，我彷彿看到空行母站在上方旋轉飛舞的曼妙身影。

朝聖完空行母跳舞獻供的巨石後，堪布帶頭繼續往前走。

我念頭迅速轉著：落後弟子和殿後喇嘛還沒看到身影，我應該來得及快速來回蓮師閉關洞。於是告訴離我最近的師姐一聲，沒等她回應，我拔腿就跑。

路邊巨石是空行母跳舞獻供處。

途中遇見一位女孩帶著弟弟，堪布關懷地問女孩有沒上學讀書？

對返鄉道上的每一位孩子而言，努日堪布既是上師也是父親。

沿途間隔可見小木牌資訊，以此牌為例：此地叫 Nyak Phedi，海拔 1625 公尺，距下個點 Pewa 還有 1 小時。箭頭 Larke Pass 指馬納斯魯環狀健行通過的最高點，NTNC 指國家自然保護基金會，MCAP 指馬納斯魯保護區許可證。

對岸大岩壁後面有 21 度母像和修行洞聖跡，不過路況艱難，不易到達。

　　有一條不太明顯的小路往右側山坡下延伸，看來走的人不多，路跡快被野草蓋住了，但憑著我多年登山的路感，還難不倒我，沒多久就下到河邊。

　　果然有個山洞面對河流，山洞不大也不深，低矮往裡凹陷，人坐在洞內勉強能遮風擋雨。站在洞口可以清楚看到左側遠方積雪的雪山。

　　邊持誦〈蓮師七句祈請文〉邊拍照及錄影，最後迴向此次朝聖基摩礱順利圓滿。然後趕緊半跑回山坡上的正路，還好，殿後喇嘛剛到。

第 5 天 ▶▶▶ 遙望北門，走進基摩礱南門

昨日下午因有弟子體力不支，未走到預定住宿點，在 Pewa 民宿就住下了。今早天剛亮便趕緊出發，好趕上前面紮營在 Deng 的師生。

此處海拔近 2000 公尺，走沒多久，晨光中，堪布指著遠方一座山峰，上有兩堆積雪像極一對白色眼睛，那就是基摩礱的北門，位在西藏境內。

再走兩個多小時，陽光下看得更清楚了，兩個白眼睛山峰右側的積雪山峰宛如戴著白帽，堪布介紹那是蓮師的護法。又說在白眼睛山峰下，有一個瀑布從很高的地方往下流，很長很長，一直流到下方溪谷，就像被風吹動的風馬旗一樣彎來彎去。下面溪旁有一個像狗的大石頭，那就是北門護法神，但從我們這裡看不到。

遠方有兩個積雪小白點宛如眼睛的山峰就是基摩礱北門，位於西藏境內；右側宛如戴白帽的山峰是蓮師的護法。

走過圖中左側吊橋後爬坡，於半山腰回看，右側溪流吊橋左側有塊巨石，那就是南門的守護狗。

堪布形容的這些，直到最後一天搭直升機離開時，自機上往外看，我才恍然大悟，所有的言語敘述在那一刻化成了實景。（請參看第 17 天照片）

於 Bihi Phedi，學生表演歌舞以饗村民，中間空檔，堪布特地以中藏語介紹努日基摩礱有東南西北四個門，每門各有一隻趴著的狗（大石頭），是幫蓮師守護聖境的護法。

重新上路沒多久，自南門上方山坡正式進入聖地基摩礱門內。

今晚宿 Ghap，海拔 2380 公尺。

南門守護狗特寫，頭向左，整個身體趴在地面。

路旁三十五佛石板，每尊佛的手勢、握持法器和供花都不一樣。

大夥在草地脫下鞋子曬太陽休息時，意外發現堪布腳已磨出水泡。

一位藏族阿嬤手持野花供養堪布，如少女般靦腆地微笑著，當堪布將雙手放在她頭加持時，她以發自內心對上師全然的愛和敬仰俯首——這短短過程令我深深感動。

隔著河谷對面崖壁上是片平台，平台上方山坡有間小寺廟（箭頭處），明天中午將在寺廟修法，再往上爬到海拔 3685 公尺的聖湖嘎措。

第 6 天 ▶▶▶ 處處聖跡，步步蓮花

今日對沒爬山經驗的弟子而言，非常艱辛，要自海拔 2380 公尺爬升到 3685 公尺的聖湖嘎措（藏語，尼泊語則稱 Kalchhuman），明日將在湖畔舉辦〈蓮師十萬薈供〉。

昨日走在河谷右側，今日越過吊橋到河谷左側，前往昨日遠眺的崖壁上平台，山路陡峭，走走停停，來到半山腰，石壁上有尊手持普巴杵和五股金剛杵的蓮師繪像，堪布介紹是蓮師〈消除障道祈請文〉[1] 中記載降伏魔障之處。左側藏文是祈請文結尾的咒語「嗡啊吽 班札 咕嚕 貝瑪 陀呈雜 班雜 薩瑪亞雜 悉地 帕拉吽」。

和蓮師繪像隔著河谷對望的是一座山體龐大的岩峰，頂部如鋸齒狀，那是大護法孜瑪拉，聽從蓮花生大士教導，護持佛法，尤其是寧瑪派的教法。

傳統手工織布機。

首先抵達小寺廟桑多巴瑞（蓮師銅色吉祥山宮殿），當地人稱為巴瑞貢巴（貢巴是藏語寺廟的意思），原是當地最古老的寧瑪派寺廟，2015 年受損於大地震，2017 年重建，此次藉由堪布返鄉機緣，恭請堪布為寺廟開光。

巴瑞貢巴位在半山腰一塊往外突出的巨岩上，下方平台另有一座

---

[1] 〈消除障道祈請文〉：「荒山林野勤修持，普巴投擲於虛空，執金剛印而揮舞，擲於旃檀香樹林，熾燃火焰海亦枯，遍燒闇冥諸外道，黑色藥叉碎為塵，催伏魔眾無等倫。」

和蓮師繪像相望，位於河谷對面的鋸齒岩峰，山體龐大，是孜瑪拉護法。

一群盛裝的藏族婦女等候在山腰空地迎接堪布。

越過昨日看到的河谷，往上爬到半山腰，岩壁上繪製著蓮師像。

路旁一座老佛塔內部以木板為壁，畫滿壇城和各式佛像，惜已斑駁脫落。

丹珠爾甘珠爾拉康（佛殿），收藏了整套大藏經，每年必完誦一遍，非常殊勝。

　　從巴瑞貢巴看到的雪山叫巴桑雪山，堪布說巴桑雪山下有一條水，藏語叫 གྲུབ་ཆུ，意思是成就水，傳說不會講話的人喝了這水就會講話，為什麼呢？因為山上有很多伏藏，水流出來就是伏藏水，具有加持力量。

　　離開巴瑞貢巴往上爬，陡坡爬得氣喘如牛，周遭景觀漸漸不同，呈現高海拔氛圍，一路馬不停蹄，終於在天色未暗前抵達聖湖嘎措。

抵達昨天自河谷對岸看過來的峭壁上平台，而巴瑞貢巴還在更高的坡上。

沿陡坡繼續往上爬，寺方派喇嘛持法幢前來迎請堪布。

下望平台，紅屋頂是收藏大藏經的丹珠爾甘珠爾拉康。

離開巴瑞貢巴往上爬，途中經此瞭望點可觀賞壯濶的巴桑雪山全景。

於原始林中一路陡上，登高後經
過一棟廢棄的放牧小屋，背後巨
岩有如噘嘴仰天長嘯的巨鳥。左
側遠方又見兩個白眼睛的基摩礱
北門。

學生今晚的露營地。

自小佛殿下望嘎措湖。

從露營地翻過鞍部往前走，左側紅屋頂即小佛殿，
右側下方即嘎措湖。

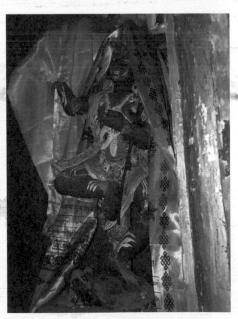

佛殿內古老佛像金剛亥母。

第 7 天 ▶▶▶ 十萬薈供，鳳凰呈祥

　　昨晚在小佛殿打地舖，男弟子和僧眾睡左側，女弟子睡右側，大家怕冷，我自願睡門口，整晚陸續有人出去上廁所，本就合不攏的木板門開開關關，咿咿歪歪，還有人不小心踩到我的腳。

　　乾脆早早起床等日出，戶外冷颼颼地，但瞬息萬變的天際虹彩讓人不畏酷寒，待陽光稍強，虹彩轉為白亮瑞氣，升騰旋繞，有如飛碟升空，萬分神奇！

晨曦中雲海升騰，天光變化無窮。

趁十萬薈供還沒開始，我獨自往湖邊山坡登高，想換個角度拍湖景。爬到可看見全湖的位置，嘎措湖於晨光中逐漸甦醒，如夢似幻。

堪布說這湖從無始劫以前就存在了，稱為嘎措湖（藏語，譯為無始劫湖）。湖心有一大磐石，內有龍土礦藏，十七世紀的大伏藏師咕央南卡吉美曾於此居住一星期，他進入湖中再出來時，全身都

如幻光影，宛如諸佛菩佛乘著飛碟降臨。

是乾的。他授記後人若持續向湖心作煙供祈請及獻供寶瓶（此回堪布也獻供 3 個由多竹千法工加持過的寶瓶），將能取出無盡鹽礦，鹽在高山地區非常珍貴。

此外，大伏藏師噶旺多傑也曾拜訪此湖。

憶念大伏藏師們在此湖見到蓮師並獲得加持，我隨喜雙手合十虔誠祈禱：「蓮師啊，我願隨汝而修行，祈請降臨賜加持！」

拍完湖景，望向山丘小佛殿方向，下方炊煙裊裊，上方空中出現一朵邊緣帶色彩的祥雲，不斷流轉變化，瞬間形成一隻鳳凰，尾羽五彩燦爛，在空中舞動，宛如即將展翅高飛，看得我入迷，趕緊拍照記錄神聖的一幕。

待一切恢復平淡後，回看拍照的時間記錄，前後歷時 13 分鐘！

敬愛的蓮師，是您派遣使者送來祥瑞，共襄盛舉十萬薈供吧！

空中出現一朵帶色彩的祥雲，不斷流轉變化。

下山參加十萬薈供，告一段落後，堪布率領僧俗二眾轉湖一圈並進行煙供，與會僧眾來自附近各寺廟代表，在湖邊拍大合照時，一橫排紅袍，背襯藍天、湖景及遠處的巴桑雪山，那畫面令人動容。在努日這偏遠高寒地區，就是他們不畏艱難、無私奉獻，佛法才得以弘揚！

順時針轉湖一圈，途中對著湖心修法，最後藏族婦女引吭高歌，悠揚歌聲在寬闊天地間飛揚，湖光山色愈加鮮活。待回到山丘上小佛殿，繼續在空地唱歌跳舞，普天同歡。

下午堪布為前來參加十萬薈供的民眾進行〈蓮師成就〉灌頂，圓滿後我們原路下山，回到丹珠爾甘珠爾小佛殿所在的 Prok 住宿，海拔約 2630 公尺。

祥雲瞬間形成一隻尾羽五彩燦爛的鳳凰，
彷彿即將展翅高飛。

全體僧眾以巴桑雪山和嘎措聖湖為背景大合照。在努日這偏遠高寒地區，就是因為有他們不畏艱難、無私奉獻，佛法才得以弘揚！

藏族婦女盛裝表演歌舞，背後巴桑雪山風起雲湧，天地同歡。

〈蓮師十萬薈供〉告一段落，開始轉湖，湖中大磐石，內有龍王礦藏。空行母跳舞獻供處。

第 8 天 ▶▶▶ 返回主山徑

昨晚住宿的 Prok 村，到處都有瑪尼堆及石刻畫，藏味十足，走在村中，一抬頭就能看到河谷對面的孜瑪拉護法岩峰。

今晚預定住宿堪布 8 歲起跟著學習的大恩上師洛本策旺諾布仁波切的寺廟，位於海拔 2960 公尺的 Hinang 村。路還很遠，先往山下走（也就是前天爬上來的路），再度經過繪製手持普巴和五股金剛杵蓮師像的大石壁。

接回 Ghap 的主山徑續往前行，路旁各式各樣佛菩薩和咒語的石板雕刻愈來愈多，琳琅滿目，看去歷史都相當久遠。

Prok 村中路旁的石刻度母像。

中午在一間豪華的藏式旅館用餐，聽說這是努日山區最頂級的旅館，非常受外國遊客青睞，老闆以豐盛餐飲供養堪布，我們其他人也都受到愛屋及烏的對待。

傍晚，幾位喇嘛等在路口迎接堪布，歡迎布條上寫著寺廟名稱 Ngagyur Pungtse Oenne Monastery，就地修法後，往前走 10 多分鐘就抵達寺廟了，僧俗二眾夾道獻哈達給堪布。

這裡就是堪布 8 歲起跟著上師學習的地方，上師圓寂後，經歷了 2015 年大地震，僧院、大殿受損，頓然衰敗。目前，喇嘛拉巴諾布負責管理與重建的工作，堪布也承諾會予以協助。

河谷對岸崢嶸岩壁下方，就是第 5 晚住宿的 Ghap 村。

僧俗二眾夾道歡迎堪
布抵達洛本策旺諾布
仁波切的寺廟。

八供養天女石刻。

下午經過 Lihi 村小寺廟，村民等候堪布，獻上供養，堪布將小姐弟獻上的小花和哈達回給他們。

豪華藏式旅館庭園門楣的三怙主（文殊菩薩、四臂觀音和金剛手菩薩）繪像。

第 9 天 ▷▷▷ 山崗上的小寺廟

昨天傍晚抵達時天色已有點昏暗，沒看清四周景觀，今早走出位於小山崗上的住宿處，喜見白雪覆蓋的馬納斯魯峰就在不遠處。

洛本策旺諾布仁波切的寺廟 Ngagyur Pungtse Oenne Monastery 建在小山崗上，這裡也是他一生閉關長達 40 年的法座所在。努日堪布自 8 歲起，就依止仁波切學習。仁波切不僅為堪布的啟蒙教育奠定了基礎，賜予教法甘露，其樸實堅守原則的山居宗風，更明顯影響了堪布為人及弘法的態度。

寺內收藏有當地富紳轉讓給仁波切的手抄廣中略三品《般若經》，非常精美，每年寺方都會請出該經完整唱誦一遍。

寺內還有不少古老佛像，非常珍貴，其中有一尊古老的蓮師塑像，色澤已褪，但風格獨特蕭穆，令人心生敬仰。戶外還有一座古老佛塔。

寺廟大殿內貝諾法王和洛本策旺諾布仁波切法照。

備註：世事無常，2023 年 1 月 24 日，寺廟遭受祝融之災，大殿及房間損毀；幸好策旺諾布仁波切的原始文物都搶救成功。

古老的蓮師塑像，風格獨特。

堪布上師洛本策旺諾布仁波切的寺廟位於小山崗上。

站在小山崗眺望馬納斯魯雪山，村中金頂是創古仁波切的札西確佩林寺。

今日，努日堪布賜予村民〈長壽法〉灌頂，帶領僧眾在寺裡修法。下午安排表演活動，以喇嘛跳金剛舞拉開序幕，再由學生輪番表演傳統舞、現代舞及藏戲，歷時兩小時，附近村民扶老攜幼前來觀賞，四周洋溢著幸福歡樂的氛圍。

歷史悠久的古老佛塔。

小山崗上另有一間小佛殿，供奉了兩組造型生動的蓮師和佛母塑像。

喇嘛盛裝表演金剛舞，附近村民扶老攜幼前來觀賞。

回到家鄉

　　早上，堪布帶著僧俗二眾浩浩蕩蕩徒步前往他小時候跟著洛本策旺諾布仁波切出家的地方，過橋沿著小溪右側緩緩上坡，距村落數十分鐘步程就抵達大崖壁下簡陋的木板寮房。

　　堪布說太陽不容易照進山谷，每天近 11 點崖壁下才有陽光，11 點之前都很冷。上師規定清晨 4 點半起床，如果沒起床，會被潑一桶冷水，讓人冷到直發抖。

　　當時大約有 30 人住在崖壁下，崖壁前方空地以前是菜田，每人一塊負責種蔥、蘿蔔、高麗菜等各種蔬菜。早上喝粥中午吃飯晚上吃麵，日復一日簡單三餐。「哪像

從崖壁返回村落途中，僧眾以洛本策旺諾布寺廟為背景合照留念。

堪布小時候隨洛本策旺諾布學習的地方，
30個人就住在崖壁下。

經過村中石塊堆疊的小佛塔，令人又想起那位發
願蓋108座塔的修行人。

你們在台灣還有點心下午茶什麼的。」最後堪布半開
玩笑結尾。

　　下午離開 Heenang，往堪布寺廟走，經過可從
中間穿越的佛塔式山門，內部壁面繪製精美的佛菩薩
法像，塔上方繪製象徵佛法無邊的智慧之眼，第二層
第三層的上塔，有方型，也有覆缽式圓型。

　　以堪布為首，大隊人馬魚列進入 Lho，村民點燃
煨桑歡迎堪布回家鄉，笑容滿面等在路旁向堪布獻哈
達，我完全能理解這種情懷，我上師返回貝瑪貴時，
村民也是如此，因為上師為了弘法遠離家鄉，四處奔
波，久久才返鄉一趟，因此村民都會歡喜雀躍，珍惜
相聚。

這位藏族阿嬤一早手拿哈達爬
上小山崗要拜見堪布，一身滄
桑，難掩滿心歡喜。

　　出了村莊，沿著一道長長的瑪尼石堆走到底，再之型上坡，終點便是白玉努日分
寺。

沿著這道長長的瑪尼石堆走到底，再之形上坡，終點便是努日白玉分寺。

途經大型佛塔式山門，內部壁面繪滿佛像。

佛塔式山門內部壁面的21度母繪像。

昨晚住僧寮，法喜充滿，一早站在走廊等待曙光，當太陽越過對面山峰照射到大殿，心中有點激動，寧瑪派白玉傳承努日分寺，我終於來到你跟前親睹真面貌了。

這是貝諾法王親自賜名的寺廟「前譯白玉祥秋達吉林」（菩提增廣洲寺），曾聽我上師提起努日堪布興建這座寺廟的艱苦！我上師於印藏邊境蓮師聖地貝瑪貴建寺雖然也艱苦，所有建材需自外地舟車勞頓 2 天運進山區，經常破損，成本大增，但至少還有車子運送，而努日這裡海拔 3000 多公尺，地處偏遠，資源有限，又無車道，物資全靠驢隊自山下運上山，一趟至少 5 天時程，加上冬季大雪封山，冷峻酷寒。可想而知，要興建一座莊嚴的寺廟是何等困難的大工程！

寺廟好不容易建成，一切漸上軌道，2015 年的世紀大地震卻瞬間摧毀了努日堪布和僧眾多年來的努力，僧寮倒塌，大殿牆壁梁柱出現龜裂微傾，還好人員平安，只有一位喇嘛不幸罹難。

午後，堪布在戶外上座，對僧俗二眾開示。

喇嘛穿戴不同的服裝和面具，跳努日地區特有的羌舞。

鑼鼓嗩吶長號齊鳴，為羌舞伴奏。

掀開僧寮門簾，站在走廊迎接第一道曙光。

　　日間爬上寺廟後面小山丘，想觀賞馬納斯魯峰，運氣不好，神山隱藏在雲霧裡。

　　往下望向山路，幾位挑伕陸續揹著大型背包走過，馬納斯魯環狀健行路線剛好從寺廟旁經過，寺廟因此開了間小咖啡館，提供健行客休息喝咖啡，為寺廟小開源，也引導健行客進寺參觀，結下善緣。

寺廟與眾生結緣，成為各國健行客參觀點。

位在寺廟和村落之間的舊僧寮，大地震時坍塌，被列為危樓。

有方有圓的四層式佛塔，穿行而過可消除業障。

大清早爬上寺後山丘等待，迎來日照金山，光燦莊嚴，有如《阿彌陀佛經》描繪的極樂國土，有七寶池八功德水，池底純以金沙布地⋯⋯。

馬納斯魯峰海拔 8163 公尺，從我們所站位置（海拔 3180 公尺）看去，高度落差一點都不像有 5000 公尺，這種錯覺讓我反觀自省，平日凡夫我是如何顛倒夢想，真假不分！

依據努日堪布介紹，整個馬納斯魯峰就是時輪金剛的聖地，山頂兩座山峰，右山峰象徵大藏經甘珠爾，左山峰象徵丹珠爾。

今天目標是 Samagaun，海拔 3530 公尺。午後出發，隨著海拔增高，景觀轉為高海拔林相，有不少樹葉已變金黃色，預告著秋天來了。

清晨日照金山，馬納斯魯峰閃亮有如披上一件金鏤衣。

　　半途停在 Shyala 休息喝茶，村中有幾戶正在大興土木，到處堆放著建材。再往前走沒多遠，眼角瞄到一張掛在石屋外牆的布海報，居然有中文，原來是一間名叫喜瑪拉雅貝瑪桑巴瓦學校的海報，以中英文記錄：

　　「座落在喜瑪拉雅雪山山下，這裡是蓮帥的聖地，校地是本地村民慷慨捐出，創建人索南多傑仁波切展現大悲願力，希望在這沒水沒電之處，讓孩童有就學環境，設有國小、國中、校舍與佛堂，興建於西元 2011 年 9 月，艱辛工程要克服交通屏障與氣候惡劣……，感謝十方的護持。因有您們得以讓這些孩童圓讀書的夢，也讓村民有學佛的緣起。立於 2014 年 10 月。」

　　呵，台灣人的愛心真是無遠弗屆啊！

　　經過一叉路，木牌標示左上往 Pung Gyen 兩小時，堪布介紹說那裡可近觀 Pung Gyen 雪山（即馬納斯魯峰），有一間小寺朝、蓮師修行洞及其他聖跡，返程我們會前往朝聖。

　　繼續直行，不到 1 小時抵達 Samagaun，這裡是詠給明珠仁波切和梭巴仁波切的家鄉。

隨著海拔增高，秋色漸濃。

興建中的寧瑪派蓮花滿願寺，只具石砌粗胚（後於2023年建成及開光）。

抵達 Samagaun 時陰天灰暗，此圖攝於 3 天後離開時，藍天燦亮。

第13天 ▶▶▶ 七供之山中小湖

湖畔堆滿一座比一座高的祈福瑪尼石。

今天續住 Samagaun，堪布整天在蓮花滿願寺修法，我們自由活動，四處閒逛。我獨自走到村外拍照時，巧遇學校師生要前往附近一座小湖，便與他們同行。

半途，看到三隻黑烏鴉停在高聳岩石上紋風不動，心中歡喜，這可是好兆頭呢。一般都視黑烏鴉為不祥之物，會帶來厄運，但在西藏，黑烏鴉被視為靈鳥，還被視為守護神瑪哈嘎啦的化身。

才半個多小時就抵達寧靜的山中小湖，海拔近 3700 公尺，湖畔堆疊著無數祈福瑪尼石，一座比一座高，好像在比賽誰堆得高似的，幸而位於低凹處，非常避風，不必擔心被高山強風吹倒。

堪布說過，馬納斯魯峰一帶共分布了 7 座湖，小小地，象徵供佛時的七供：水（洗臉水）、水（洗腳水）、花、香、燈、塗香和食子。

不知此湖是代表其中哪一供？

請教一位老師此湖藏文名稱，再查地圖對照發音，原來就是 Birendra 湖。

站在寺廟廣場可看到右側山頂有三塊挺立的巨岩，當地稱為三怙主神山。

爬高後，回看三怙主神山護佑下的薩瑪崗，谷地寬廣平坦。

2018年首次來時，因天陰未看清湖四周景觀，2023年二度朝聖，才發現波堅雪山（馬納斯魯峰，圖右）與三怙主神山（圖左）盡覽無遺。

Samagaun 村中可清楚看到馬納斯魯峰（攝於 2023 年）

密勒日巴修行洞

今天要前往海拔 3875 公尺的 Samdo，堪布擔心弟子會有高山症，指示除體力較好的攝影師阿良和我隨行外，其他人都留在 Samagaun。

早上六點多出發，一路馬納斯魯峰都在左側隨行，來到距 Samdo 約兩小時步程處，左右兩側山脈，中間是寬廣平坦的谷地，一長排瑪尼石往前延伸。

走出 Samagaun 村外，壯觀的馬納斯魯峰一路隨行。

堪布介紹此處叫「瑪塘」，瑪就是〈六字大明咒〉的瑪，塘指平平的地方。密勒日巴曾在此處降伏神靈。

　　堪布指著右山峰高處一個山洞說：

　　「密勒日巴用一根線將一個大石頭從那邊揹著飛到左側半山腰，就是現在看去大半照到陽光，底部在陰影裡的那個大石頭，然後在那修行。現在我們就要去密勒日巴修行洞。」

　　往左側山坡出發，地面全是乾枯落葉，踩下發出清脆聲響，一路陡升。爬約 50 分鐘抵達大石頭，緊挨著石頭，當地人以石塊堆疊建了一間小佛殿，殿內掛著古老壁畫和唐卡，主供蓮師，也供奉密勒日巴尊者。

被密勒日巴搬到左側山腰的石頭（圓圈處），我們路過時，上半部已照到陽光，底部仍在陰影裡。

小佛殿主供蓮花生大士。

密勒日巴尊者造型以右手靠近耳朵作聆聽狀，
代表他憑藉詩歌傳達佛法要義和修行口訣。

　　尊者的造型以右手靠近耳朵作聆聽狀，代表他慣將佛法要義、修行口訣以唱誦詩歌方式傳達，他的口傳著作《密勒日巴證道歌》在藏地廣為流傳。

　　尊者昔日閉關洞就在屋內角落，緊貼著大石頭底部，外側以木板隔離，只留中央一小洞讓朝聖者將頭伸入朝拜，洞內空間十分狹窄。

　　為了精進修行，尊者曾立下誓言：「如不獲得殊勝證悟，就永遠住在山中。縱然餓死，也不為乞討食物而下山；縱然凍死，也不為尋找衣服而下山；縱然寂寞死，也不為尋求逸樂而下山；縱然病死，也不為尋求醫藥而下山！」

　　因為沒食物，只吃蕁麻果腹，吃到後來全身變成綠色。

　　想想古今修行者有幾人能如此精進修行？即生成佛其來有自啊！

　　煨桑及繞轉大石和小佛殿後，改走另一條路下山，半途堪布停住，指著下方谷地說他6、7歲時在那放牛，天氣暖和時趕牛往上，待幾個月，溫度降低時再趕牛往下待幾個月，來回移動。

　　6、7歲的個頭不會比牛高，已經要趕著牛群遷移放牧，這是台灣小孩甚至大人都無法想像的吧！也因為自小吃苦耐勞，難怪8歲跟隨洛本策旺諾布仁波切學法，上師再嚴厲，生活再艱苦，堪布都堅持到底，弘法路上更是不忘初心，只要能利益眾生，再艱難也不退轉！

位於兩側山脈中間的這塊平坦谷地，藏語稱為「瑪塘」。

正午抵達 Samdo 小寺廟，全由方型大石塊堆砌而成，和我在雲南梅里雪山看到的蓮師修行洞小寺廟如出一轍。

這是朝聖行程最後一個村莊了，明天就要往回走。不知是因為氧氣稀薄、冷峻酷寒難以入眠，還是因為期待明天朝聖波堅神山太興奮，整夜輾轉～

瑪塘右側靠近山頂的岩壁下，因密勒日巴搬走石頭而形成一洞窟。

抵達大石頭，下方以石塊堆疊成小佛殿，另有小木屋當廚房和儲藏室。

小佛殿正門緊臨崖壁，望向谷地和群峰，視野開闊。

閉關洞位在屋內角落，緊貼著大石頭底部，以木板隔離，只留中央小洞讓朝聖者將頭伸入朝拜。

閉關洞內空間十分狹窄。

下方這塊草地是堪布 6、7 歲時放牛的地方。

快抵 Samdo 前經過路旁佛塔，內壁繪滿古老精采的佛畫。

小寺廟門口擠滿恭迎堪布的村民。

寺內古老的壇城和佛像。

小寺廟以大小石塊堆砌而成。

今日重頭戲是朝聖基摩礱神山波堅雪山，也就是海拔 8163 公尺的世界第八高峰馬納斯魯峰，兩個尖峰如同利劍指向雲霄。

堪布介紹過，此山是基摩礱聖地之中最重要的神山，這裡也是《時輪金剛》法門的聖地。而信奉印度教的尼泊爾人也視此山為聖山。

自 Samagaun 村中看馬納斯魯峰；左側尖頂紅屋即洛本局美耶謝龍卓仁波切的小寺廟。

往波堅雪山，剛開始一路陡坡。

岩壁上有自顯的金剛杵聖跡和一伏藏鑰匙孔，等待因緣具足的伏藏師來取出伏藏。

　　有些尼泊爾地圖在山峰位置會同時標註三個名稱：Manaslu、Pung Gyen 和 Kutang。以 Manaslu 最廣為人知，源於梵語 Manasa，意思是神靈，lu 的意思是土地，合譯成「土地之神」；Pung Gyen 是尼泊爾當地藏族的稱呼，意思是堆積起來的裝飾；Kutang 也是藏名，tang 在藏語中意思是平台，形容其兩尖峰之間寬大的頂部。

　　神山雖整個位於尼泊爾境內，但距西藏吉隆縣貢塘邊境直線距離也才 19 公里。

　　今天路程很長，天剛亮就離開 Samdo，回到 Samagaun 後，堪布集合大家先前往拜訪一位上師「洛本局美耶謝龍卓仁波切」（於 2021 年圓寂），仁波切高齡九旬，坐在小寺廟庭院接見我們，臉部皺紋深陷，皮膚粗黑，笑容純真如稚子。

洛本局美耶謝龍卓仁波切笑容純真如赤子。

約 10 點離開 Samagaun 往回走，到了叉路依指標往 Pung Gyen 爬升，經過大小不一的岩石地形，後段路才好走些，途中看到幾處自顯的聖跡。

約 2 小時抵達一片開闊草地，Pung Gyen 寺到了，海拔超過 4000 公尺。

大家隨堪布繼續往左側草地走，我因看到右側山坡岩壁上有幾間小屋，猶豫沒跟隨，以我近幾年在大藏區朝聖蓮師聖地的經驗判斷，閉關洞應該就在那裡，決定獨自先去，避開人群才有機會在洞內打坐。

往上爬，距離愈近愈看得清楚，最高處小石屋上方明顯就是個天然山洞，我滿心歡喜，口誦〈蓮師心咒〉也更大聲了。

前面有位喇嘛領著一位藏族婦女也在往上爬，問清是要去蓮師閉關洞後，我徵詢喇嘛同意跟隨。喇嘛打開小石屋門鎖，進去後，左邊是小房間右邊是小廚房，中間有個堆疊石塊往上的狹窄通道，天光自上方灑入，爬上去就是閉關洞了。

閉關洞靠內側壁面凹凸不平，地面散布石塊和木板，最外緣有一部分是下方石屋的屋頂。坐在洞裡往前看，視野開闊，若非雲霧遮掩，可能看得到波堅雪山吧。

藏族婦女離開後，我請求喇嘛讓我單獨留下打坐一會，但也考慮堪布他們找不到我會擔心，不敢打坐太久。下到廚房找正在烤火的喇嘛，喇嘛請我喝茶，閒聊幾句，原來他是 Samagaun 噶舉派僧人，被派來守護小寺廟，冬天下大雪就會返回 Samagaun。

獻上供養後，回到開闊草地找堪布，還好他們一大群人很明顯，重新歸隊前往小寺廟，寺前空地聚集了不少藏民，還有健行客圍觀，堪布對大家開示後，由學生和藏族婦女以歌舞供養神山，僧俗同歡。

走呀走，猛一抬頭，壯濶的波堅雪山迎面現身，如泰山壓頂。

抵達波堅寺前方草地，風起雲湧，霧氣瀰漫，波堅雪山很快失去蹤影。

蓮師閉關洞位在最高處的小石屋上方，入口自石屋進入再往上爬。

金剛亥母聖水位在閉關洞石屋下方山坡。
（感謝噶舉喇嘛指點我才沒錯過）

看守的喇嘛打開門鎖領我和藏族婦女進入後，左側是此小房間，另一側是小廚房。

沿著簡易堆疊石塊的狹窄通道往上爬，即抵蓮師閉關洞，內側壁面凹凸不平，地面都是石塊和木板，最外緣有一小部分是下方石屋的屋頂。

自山洞往前看，視野開闊，可惜雲霧漸濃。

自山洞往下看，寬闊草地盡覽無遺。（藍屋頂石屋即波堅寺）

|右
重新歸隊時，堪布正在介紹石上自顯的普巴聖跡。

|左
嗡桑浦寺大殿內古老的蓮師像。

返程繞路拜訪貝瑪蔣稱堪布主持的小寺廟，雪花紛飛中，簡單建築的嗡桑浦寺顯得分外空靈。

　　昨晚摸黑回到寺廟，早上堪布集合學生訓勉開示後，學生解散各自返家，最遠的還要走好幾天路，祝福他們一路平安！

　　台灣弟子也安排明日搭直升機返回加德滿都，堪布說今天大家就放輕鬆隨意逛。於是一行人由來過最多次的稻香師姐領軍逛村落。

　　村落繞一圈，有好幾家開民宿、咖啡店和小餐館，顯然登山旅遊也為村民帶來一些收入。不少人家在庭院中種滿花卉，與路旁肆意開放的野花爭艷。

從寺廟往下走，回望莊嚴的山門與右側貝諾法王舍利塔。

往村中走一小段，由此高地回拍寺廟
和馬納斯魯峰，相得益彰。

　　晚上僧眾在大殿修施身法，台灣弟子隨喜參加。此法我上師堪布徹令多傑仁波切
幾年前曾為寧瑪三根本法洲佛學中心弟子口傳及灌頂，並連續一年每月帶領閉關一個
週末。

　　和幾位師兄姐靜靜坐在角落參與，喇嘛們一開始唱誦，熟悉的旋律直擊我的記
憶，雖然手上沒有鈴和鼓，也禁不住隨著曲調搖動。

　　施身法的藏語簡稱就是「斷」的意思，教導行者斷除修行最大的障礙「我執」，
以慈悲和空性將身體化為清淨的甘露，上供下施，累積資糧。

　　在即將離開蓮師密境努日基摩礱的前一夜，得以隨喜僧眾修施身法，多麼殊勝！
當晚睡得無比安穩。

民宿之一。

沿著通往村中的路走，路旁小佛塔內古老的木板佛畫，豐富多采。

村中一座嶄新的佛塔，裝飾華麗。

村中婦女忙著處理收成後的農作物；後方不遠處即寺廟所在的小山丘。

返程時，沿之形坡往寺廟爬了一段，回望村莊，寧靜安詳。

第17天 ▶▶▶ 俯視密境，基摩礱再見

中午搭直升機返回加德滿都，4人一機，很幸運和堪布同機，堪布坐駕駛座旁，我坐後排左側。一起飛，轉個彎先看到寺廟全景，然後一座又一座挺拔威武的山峰輪番現身，氣勢磅礴。

忽然眼前一亮，啊，那座岩峰有兩堆看似眼睛的白雪，不就是堪布說的位於西藏境內的基摩礱北門嗎？想向堪布求證，但堪布自登機就手持念珠垂首專心持咒，不敢打擾他。

晨光中凝視暫住過的僧寮，有點不捨離去。

愈看愈像，沒錯，就是它！而且清楚看到堪布說的：「在白眼睛山峰岩壁下方，有一條瀑布從很高的地方往下流，很長很長，就好像被風吹動的風馬旗一樣彎來彎去，一直流到底下溪谷，那裡也有一個石頭——護法守門狗。」

雖然還是看不到護法守門狗，但心中仍無比興奮與感恩，在這臨別之際，能親見聖地北門完整的面貌，見證堪布所言！

往下看，也能看到這些日子我們走過的山路，有如羊腸細彎迴繞山體，那些分散的小村落，更宛如鑲在綠色錦鍛上的明珠點綴。

飛行時間約40分鐘，隨著海拔降低，山坡開墾地增多。加德滿都一向空污嚴重，沒想到今日展現在眼底卻意外清澈，以翠綠迎接我們圓滿朝聖歸來～

寧瑪派一位仁波切曾説：「信心是一種發自內心的感情，加上一種尊敬、崇拜、歡喜，以及一種感傷的心。」努日堪布臨行對村民開示時，我從這幾位藏族老人身上感受到了百分百的信心！

堪布就要搭機離開了，村民依依不捨。

直升機起飛後看到寺廟全景，右下方是貝諾法王舍利塔、山門和地震時傾倒的僧寮。

即將抵達海拔 1300 公尺的加德滿都，素來空污嚴重，今日卻清澈翠綠。

096

左側最高處兩堆白雪眼睛的山峰就是西藏境內的基摩礱北門，細長的瀑布從高處往下流，好像風馬旗一樣彎延到谷底（北門護法守門狗所在）。

崇山峻嶺中，只要有水源有台地就有人居住，這些人被視為原住民，又稱喜瑪拉雅族。

二度朝聖基摩礱，諸行無常

2018年10月朝聖努日基摩礱17天，法喜充滿，唯一遺憾是未環繞波堅雪山一圈（努日堪布說轉此山與轉西藏岡仁波齊神山功德無二分別），當時衷心祈禱很快有機會來轉山！

疫情延宕了一切，直至2023年才成行，3月下旬參加台灣「雪豹樂活生態登山俱樂部」舉辦的海外活動馬納斯魯環狀健行（簡稱MCT），全團我年紀最長，吃蛋奶素，又是虔誠藏傳佛教徒，與大家不時會有一點隔閡，但也無妨，心不在外不在內，離一切相，只要平和共存於健行模式中就行了。

團隊自海拔930公尺的Machha Khola開始徒步，逐漸適應高度，第9天清晨4點出發，10點抵達轉山最高點，翻越海拔5106公尺的Larke Pass，再徒步2天下山，搭車回加德滿都，圓滿轉山。

此行最大感觸是「諸行無常」，5年前走過的記憶猶新，看到許多坍方都修復

了，正在為山中居民高興，後面卻出現了更多新坍方，連架在峭壁上的鐵棧道也斷了，目前冬季河床乾旱可行走，等到夏季豪雨來臨不知要如何通過？另因中國投資修建山區車道，受工程影響，山徑不斷繞道，竟然沒再經過第一個蓮師閉關洞和空行母跳舞獻供聖跡！

行程第三天有隊員身體不適，快篩確診，過沒幾天又有兩人確診，另有好幾位團員包括我也都出現咳嗽、流鼻水、咽喉痛及痰變多等症狀，但因已無快篩劑，就各自當感冒治，還好我體力沒受影響，仍然健步如飛。（走到4400公尺處，隊員有1體力不支和1確診者及另1隊友共3人搭直升機緊急撤退）

路經Lho努日白玉分寺，進入大殿向努日堪布舍利塔頂禮時，更是深切感受到「死亡無常」。2018年隨堪布朝聖的過程還記憶猶新，堪布和靄親切的笑容也歷歷在目，卻再也聽不到他叫我「貝瑪貴

繞轉基摩礱神山波堅雪山通過最高點——海拔 5106 公尺的 Larke Pass。

人」的爽朗聲音了～

　　途中再度前往 Pung Gyen 寺，隊員是為了作高度適應，我則心繫再見蓮師閉關修行洞。記得洞口與連綿 Pung Gyen 雪山相望，2018 年朝聖時天氣不佳，僅初窺一眼，來不及拍照，雪山便隱入雲霧中。

　　沒想到二度朝聖仍然未見全貌，雪花紛飛，幾乎掩蓋了一切。也因團隊行動，時間不允許我二度爬上蓮師閉關洞，只能佇足雪中，凝望崖壁上的蓮師閉關洞，在心中遙喚蓮師、頂禮蓮師、憶念蓮師。

　　嗡啊吽，班雜古魯貝瑪悉地吽～

雪花紛飛中，凝望崖壁上的蓮師閉關洞，在心中遙喚蓮師、頂禮蓮師、憶念蓮師。

འབྲས་མོ་གཞོངས།

第貳章 哲孟雄 （錫金）

總介

　　哲孟雄即今之錫金（Sikkim）。西元 1642 至 1975 年，錫金還是一個獨立的世襲君主國，但目前只是印度北方地勢最高、面積最小的一個邦，有印度小瑞士之稱。位於喜馬拉雅山脈南麓，北與西藏、東與不丹、西與尼泊爾接壤，面積約台灣五分之一，人口只有 61 萬。

　　全境海拔 1500 公尺以上，幾乎無平原，四周群山環繞，與海拔 8586 公尺的世界第三高峰干城章嘉峰挺立於西邊和尼泊爾交界處，雄偉壯觀。

　　古藏文稱錫金為哲孟雄（འབྲས་མོ་གཤོངས།）或哲孟烔（འབྲས་མོ་ལྗོངས།），現今則稱哲烔（འབྲས་ལྗོངས།），三者意思都是指「果實之地域」。

　　自古，哲孟雄是吐蕃（西藏古名）的一部分，9 世紀成為獨立部落，境內寺院仍隸屬於西藏各大寺，在成為英國殖民地前也一直是西藏屬地。

　　錫金有確切記載的第一任國王是 1642 年建立納穆加爾王朝的彭措南傑（藏語），其曾祖父來自西藏康巴地區的菩提亞貴族，在三位來自西藏的寧瑪派高僧——拉尊南開吉美、阿大森巴千波和噶陀昆杜桑波的支持下，降服錫金土著勢力，以藏傳佛教為國教，成為世襲君主國。

　　揚唐仁波切晚年駐錫地 Yuksam，就是絨巴語「三位僧侶相遇處」的意思，絨巴人（錫金最早的原住民）以此紀念三位喇嘛昔日在此處會面，開啟了錫金王國的新局面。錫金最早的首都也設在此。

　　1861 年，英國東印度公司為商業利益開始在錫金擴充勢力，1890 年，簽訂了「中英藏印條約」，錫金成為英國的保護國。1949 年，脫離英國獨立的印度自動承接錫金主權，錫金變成印度的保護國。

　　早在錫金成為英國保護國時，英國殖民政府就因開發需要，大量引入尼泊爾人。

世界上最大的蓮師塑像位於南錫金（Namchi），高 36 公尺，由多竹千仁波切出資塑造，被視為錫金守護神。

印度承接後，為了抗衡錫金王室信仰藏傳佛教，更加鼓勵信仰印度教的尼泊爾人大量移民，最終改變了錫金人口結構，使信仰藏傳佛教的錫金人成為少數民族。

1975 年，錫金在尼泊爾人壓倒性的選票下，公投通過和印度合併，廢黜國王和君主制，變成印度的一邦。

錫金民族包括佔絕大多數的尼泊爾人，以及其他說藏語方言的少數民族，如雷布查族（Lepchas）、菩提亞族（Bhutias，又稱錫金族）、藏族等。

雷布查族也就是絨巴族（Rongpa），是錫金最早的原住民，講絨巴語（雷布查語）；而菩提亞族（Bhutia）則使用菩提亞語和藏文。兩族大多信仰藏傳佛教，溯源均屬藏族的一支，經濟、文化一直與藏族保持密切關係。

有關密境方面的記載，雖有資料提到拉尊南開吉美等 3 位大師曾開啟哲孟雄密境 3 個城門，但並無進一步的詳實記錄。直到 1920 年代，西藏康區多芒寺多傑德欽林巴（蓮師三大弟子之總集化身，也是蓮師授記開啟密境的伏藏師）從伏藏中獲得開啟哲孟雄密境的指示，帶著弟子和隨從翻越喜瑪拉雅山隘口，南下哲孟雄，到達接近密境西城門的地方，可惜遇到暴風雨和冰雹，緣起不好，加上弟子不聽囑咐，嚴重違緣，無功折返。

德欽林巴圓寂後有兩個轉世化身，一位是格瓊祖古（錫金王子），一位是揚唐仁波切（出生於錫金西部揚唐地區，父親來自東藏，母親是錫金人），在取得錫金國王同意後，兩人被送回康區多芒寺坐床。後來格瓊祖古於六〇年代於獄中圓寂，揚唐仁波切被關 20 年，於 1981 年獲釋。因多芒寺已全毀，他提出返回錫金探視母親的要求，獲得中國批准，70 多歲後大多住在玉僧，直到 2016 年圓寂。

繼德欽林巴之後，有狂智喇嘛之稱的伏藏師督修林巴，也於 1963 年 5 月前往錫金開啟密境，督修林巴的根本上師是第二世敦珠法王，其他親近的上師還有著名的夏扎仁波切以及藏東康區多芒寺為他舉行坐床儀式的德欽林巴。

督修林巴率眾自最後村落 Yuksam 往北徒步，經過原始森林，攀登到干城章嘉峰

雪線以上，在即將抵達時發生雪崩，其他人都被大雪掩蓋倒地，只有督修林巴雙腿盤坐入於禪定之中，當時他才 49 歲，結束了傳奇的一生。

近一世紀來，藏傳佛教幾位至尊法王和仁波切，包括二世欽哲蔣揚確吉羅卓仁波切，及佛母康卓慈玲秋瓏、頂果欽哲仁波切、多芒揚唐仁波切、多竹千仁波切、夏札桑吉多傑仁波切、董瑟聽列諾布仁波切、法王如意寶晉美彭措、阿秋喇嘛等高僧大德，都與錫金淵源深厚。

這片土地自蓮師與二十五王臣弟子依神通力親赴加持成為聖地，以及之後各聖者加被，整個錫金可以說就是一塊聖地！進一步嚴格來說，這塊聖地的精華就在西錫金，堪稱為聖地中的大聖地！

世界第三高峰干城章嘉峰有五個峰頂，藏語稱 གངས་ཆེན་མཛོད་ལྔ，意思是「五座巨大的白雪寶藏」，海拔 8586 公尺。（自揚唐仁波切駐錫地 Yuksam 以長鏡頭拍攝）

前奏曲

走在西錫金，到處可見立式風馬旗隨風飄揚。

當初決定親自朝聖及撰寫蓮師三大密境時，覺得最困難的就是錫金了。一來之前對錫金沒什麼概念，二來網路搜尋資料，只有歷史背景、文化和政治變遷等，很少有關蓮師聖地的介紹，只提到以札西頂為中心，東南西北方各有一個蓮師閉關修行洞。

其中東洞和南洞離公路近，去的人多，我查到幾個地名後，再對照地圖，便知如何前往。但西洞和北洞山高路遙，需徒步兩天以上才能到達，去的人少，文字記錄一片空白，到底如何前往？完全沒頭緒。

請教認識的仁波切和堪布，幾乎都能立刻用藏語說出 4 個蓮師洞：東洞霞丘北埔，南洞洛康卓桑埔，西洞努迭千埔，北洞拉日寧埔，但他們也不清楚如何前往西洞和北洞。

我不放棄，一再祈請蓮師一再上網搜尋，終於看到有位屬名 bella.chia 的台灣人記錄 2012 年朝聖北洞（後來又看到她寫 2017 年朝聖西洞），圖文並茂，當下無比

感恩。我不認識你，你也不認識我，因著同是藏傳佛教徒的緣分，彼此有了聯結。

2016 年 9 月我上師堪布徹令多傑仁波切帶領台灣弟子前往錫金 Yuksam 向揚唐仁波切請甘露丸，進行連續 9 天甘露大法會，從修法到甘露丸製作，慶幸自己有福報全程參與，同霑法喜。

2020 年 3 月，Covid-19 逐漸翻覆全世界時，以背包客方式二度朝聖錫金。

法會結束後，我和一位師姐留下朝聖，因時間有限及師姐體力不足，只朝聖了東蓮師洞和南蓮師洞，兩處均離公路不遠，步行沒多久就到了。只是因夏季大雨，南蓮師洞積水未褪，無法進入內洞。

2020 年 2 月下旬到 3 月上旬，Covid-19 即將翻覆全世界之際，與曾同行轉山的香港師姐亞 Lu，先前往上師寺廟所在的貝瑪貴參加藏曆新年大法會，然後轉往錫金，因緣成熟，圓滿朝聖了蓮師西洞和北洞，並二度朝聖了東洞和南洞。3 月上旬我們離開錫金後，錫金就宣布封鎖邊境，禁止外籍遊客進入。

回到台灣沒多久，看到新書《咫尺到淨土：狂智喇嘛督修・林巴尋訪秘境的真實故事》，詳細記載了伏藏師督修・林巴前往錫金干城章嘉峰開啟密境的經過，可惜沒早看到，錯過了貼近干城章嘉峰朝聖的機會。

2022 年 9 月，因 4 年效期的印度簽證即將於 11 月到期，決定獨自前往印度，三進錫金，徒步貼近干城章嘉峰朝聖。沒想到，之前兩次都是在邊境申請進入錫金的 ILP（Inner Line Permit），現辦現拿，這次卻因印度邊境政策趨嚴，受阻於邊境[1]，只能抱憾！

---

[1] 持台灣護照前往錫金，個人只能於新德里申請，或出國前於台灣辦印度簽證時一併申請，但規定至少 4 人，且需同進同出。

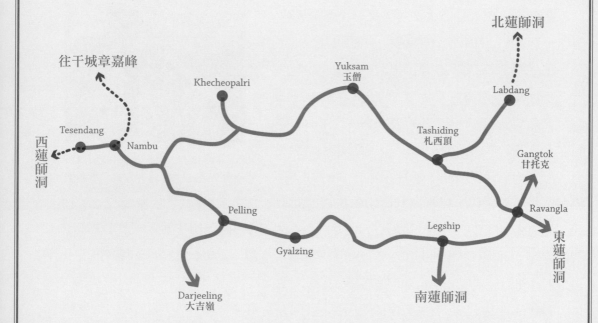

北

西錫金
朝聖圖 MAP

往干城章嘉峰

北蓮師洞

Khecheopalri

Yuksam
玉僧

Labdang

Tesendang

Nambu

Tashiding
札西頂

Gangtok
甘托克

西蓮師洞

Pelling

Legship

Ravangla

東蓮師洞

Gyalzing

Darjeeling
大吉嶺

南蓮師洞

公路
山徑

Tashiding 密境中心

　　整個錫金就是蓮師授記的一個大聖地；大聖地的精華在西錫金；西錫金的中心就在海拔 1500 公尺的札西頂（Tashiding）。

　　以札西頂為中心，東、南、西、北方各有一個蓮師閉關修行洞。傳說 4 個修行洞均有密道通往札西頂。因此，朝聖蓮師洞之前或之後，朝聖客都會到密境中心札西頂朝拜。

　　札西頂既是地名也是寺廟名，寺廟位於小山丘頂端，四周高低山峰環繞宛如花瓣，寺廟就建在中間花蕊位置，屬寧瑪派傳承。民房市集位於山丘下，朝聖寺廟時可搭計程車或步行爬上山丘。

　　建於西元 1716 年的寺廟全名叫「札嘎札西頂」，札嘎意思是白色岩石，札西頂意思是吉祥中心，全名意譯即「吉祥中心白岩」。佛塔區有塊岩石表面有一處顏色較淺，宛如一個小門，因為這緣故，寺廟才如此取名。

　　自岩石上的凹洞往裡看，洞裡有塊鬆動的石頭，據說這是開

即將抵達札西頂寺時，山徑旁供奉著蓮師法像。

啟密境大門的「鑰匙」。此外，岩石壁面還有一個伏藏印，代表此處有伏藏，等待蓮師授記的伏藏師出世後再來取出。

朝聖東蓮師洞途中遠眺札西頂寺所在的山丘，遺世獨立。

札西頂號稱有 10 億個空行城市，很多岩石上有空行足印，聖跡眾多。欽哲二世蔣揚確吉羅卓（西元 1959 年在錫金皇家寺院融入密意法界，示現圓寂）在此處荼毗，建有一金黃色舍利金塔；塔群中還有一座白色大舍利塔，是拉尊南開吉美建造的「見即自解脫塔」，塔上有根本上師嘉春寧波法像。

塔群中還有兩棵高聳大樹，據說是蓮師插下卡章嘎手杖長出來的。其中一棵旁邊建有一紅色小殿，內供奉昔日蓮師親繪的自畫像（色彩係後人添加）。另一棵以石牆圍住，設有法座，內牆面並繪製了師君三尊等各式法像。

此外，環繞著祖師大德們舍利塔群的四周，是僧人們刻的無數瑪尼石和各式各樣佛像聖像，多彩多姿。

朝聖完札西頂寺後，出了寺廟山門，往山坡下行約 5 分鐘，有個昔日蓮師修持長壽佛的岩穴，也非常殊勝。

札西頂寺山門。

札西頂寺大殿。

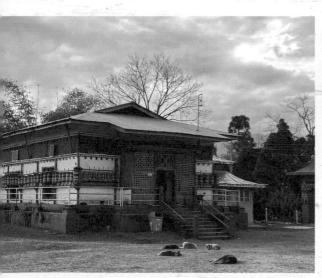

經常舉辦〈紐涅〉法會的觀音殿。

蓮師修持長壽佛的岩穴，入口供奉著蓮師像。

蓮師聖樹之一；一旁紅色小屋供奉著蓮師
親繪的自畫像。

另一棵蓮師聖樹以圍牆環繞，設有法座。

蓮師親繪的自畫像（色彩係後人添加）。

聖樹內牆繪製了精緻的師君三尊等各種法像。

寺廟取名「札嘎札西頂」（意思是吉祥中心白岩），即因此白岩巨石而來。

壁面的伏藏印代表此處有伏藏，等待蓮師授記的伏藏師出世後再來取出。

舍利塔群四周，堆疊刻畫了各式各樣佛像和瑪尼石。

拉尊南開吉美建造的「見即
自解脫塔」，塔上有根本上
師嘉春寧波法像。

甘露泉湧札西頂

2016 年第一次到札西頂朝聖是從玉僧一天來回（距離約 22 公里）。2020 年第二次來，特地住一晚，想從容朝聖札西頂，仔細品味。

和亞 Lu 搭共乘吉普車在札西頂主街下車，找不到旅館，全是髒亂的民宿，後來問到一年輕人，叫我們往山坡走，有棟歐化的大建築就是旅館。

老闆娘出來招呼，是藏族菩提亞人，她對我們來自哪裡、來做什麼很好奇，互聊之下，得知她先生祖父就是著名的 Chaktha 仁波切，此處接待過許多高僧大德，包括索甲仁波切等。因此雖然房價高（比 Pelling 貴兩倍），我們也歡喜住下！

老闆娘告訴我們，札西頂寺最名聞遐邇的是每年藏曆年過後，大殿內有一寶瓶會源源不絕湧出甘露，無論取出多少，寶瓶內永遠都是滿的，藏語稱為 བུམ་ཆུ （意指寶瓶水），今年換算西曆時間是 3 月 9 日，千萬不要錯過。

欽哲二世蔣揚確吉羅卓舍利塔。

自札西頂寺庭院眺望連綿的干城章嘉峰山脈，大伏藏師督修‧林巴想開啟的哲孟雄密境就位於雪山深處。

　　啊，那時我們已離開錫金了。老闆娘聽到後，大方拿出她去年保留的甘露水分享給我們。

　　朝聖札西頂寺時，觀音殿又像首次來時一樣在修〈紐涅〉，殿內地上坐滿在家人共修，氛圍殊勝。

　　朝聖塔群區時，相隔四年，再度站在欽哲二世蔣揚確吉羅卓金黃色的舍利塔前，心中有著更多更深的感動。

　　前兩年為撰寫《蓮師在西藏》一書，朝聖位於四川甘孜藏族自治州德格縣宗薩寺後山的蓮師閉關洞，昔日欽哲二世擔任宗薩寺住持期間，以該洞為中心修建成閉關禪修院。

　　以那因緣讀了欽哲二世傳記，傳記提到中共入侵藏東後，欽哲二世離開康區前往錫金，1959 年於錫金圓寂。由於他生前曾說過有生之年一定會再回到宗薩寺，因此圓寂時現身在宗薩寺大殿彌勒佛像懷抱，當時宗薩寺中許多僧眾都親眼目睹。

　　記得讀到這一段時，熱淚盈眶，想像現場僧眾看到上師現身彌勒佛像懷抱的剎那，必已猜到上師可能融入密意法界，示現圓寂了，再也無法親謁上師，那該會是如何地痛徹心扉啊！

蓮師四修行洞

ㅂ་ㆍ洞ㅂ洞ㅂ洞洞
東蓮師洞霞丘北埔
....

以札西頂為中心，東、南、西、北方位各有一蓮師閉關修行洞，傳說四洞均有密道通往札西頂。

東蓮師洞藏語稱「霞丘北埔」，意思是東隱密洞，位於 Ravangla 附近。停車開始徒步處約海拔 1600 公尺，設有一英文告示牌，沿石階往下走，過一山門不久就到了，洞口柵門輕掩，推開即可進入，入口極為狹窄。

東蓮師洞山門。

進入後，空間稍寬敞一些，第一次朝聖是 9 月，雨季還未結束，四周壁面溼潮，頂壁不斷滴水，蓮師法像被保護在玻璃櫃內高懸著。地面全是不規則的石頭，滑溜難走，溼滑泥濘，未往裡洞鑽行。

第二次朝聖在 2 月底，四周乾爽，勇往直前，沿狹窄石縫鑽進去。一路穿行在大小不等的空間中，有幾處不知是誰點了蠟燭照亮幽暗，但也消耗掉小空間內的氧氣，令人昏沈。遇到幾個陡峭巨石，還好有

洞口柵門輕掩，推開即可進入。　　　　　　入口狹窄細長，蓮師法像被保護在玻璃櫃內高懸著。

鐵梯可爬，連續爬上兩段鐵梯後，洞愈來愈小，拿手電筒往裡照，深不可測，據說可一路通到札西頂。

　　考量安全，未再深入，原路退回。

　　出了柵門，洞外有個供奉蓮師的小壇城，視線穿越鮮花和七供杯，再穿越後面岩壁間的空隙，正好可和洞內高懸半空玻璃櫃內的蓮師，雙目對個正著。

　　洞外階梯往下行有一佛塔區，持咒繞轉時發現有座嶄新白塔，仔細看說明牌，啊，是揚唐仁波切的舍利塔！說明牌上藏文、英文和繁體中文並列：「這座菩提塔內含多芒揚唐仁波切（1930～2016）袞桑吉美德千韋色多傑之舍利。仁波切乃拉尊南卡吉美的化現，以及多芒大伏藏師多傑德千林巴的轉世。願此塔帶來豐饒祥福。」

上｜
洞內掛滿哈達的石柱，不知是何聖跡。

下｜
位於洞外下方的舊佛塔區。

右｜
小壇城一旁供奉的蓮師銅製法像。

上 |
初次朝聖，雨季積水四處溼滑，未往裡洞鑽行。

下 |
第二次朝聖，沿狹窄石縫鑽入，穿行在大小不
等的空間中。

右 |
新建的揚唐仁波切舍利塔。

洞外供奉蓮師的小壇城，可遙見洞內高懸半空玻璃櫃內的蓮師法像。

སློ་མཁར་འགྲོ་གསང་ཕུག
南蓮師洞康卓桑埔
··············

南蓮師洞藏語稱「康卓桑埔」，意思是空行祕密洞，距 Legship 數公里，車子開到 Rangit 河邊停放，走過吊橋，大石旁有溫泉自河底冒出，可泡腳，冬季還可到一旁竹棚內泡溫泉。當地人視溫泉為金剛亥母加持水，非常殊勝。

再往前走，有小寺廟和轉經塔，第一次去時小寺廟上鎖，轉經塔老舊，第二次去時轉經塔已翻新，小寺廟主供蓮師和金剛亥母，並掛著揚唐仁波切的大法照。

修行洞入口就在舍利塔和小寺廟中間，有柵門，頂上加裝鐵絲網，應是要防止猴子進洞（洞外樹林猴子成群）。洞口低矮，脫鞋彎身進入，再爬上石階，豁然開闊，是個大岩洞。另一側壁頂有個缺口，天光灑入，同樣裝了鐵絲網。

崭新的轉經塔和寧瑪派小寺廟。

昔日蓮師在此閉關修持金剛亥母，洞壁刻著金剛亥母像。巧遇來自南卓林寺計畫在此閉關一個月的喇嘛，以藏語告訴我在大岩壁上有蓮師降伏惡魔留下的心臟、手和腳等化石，還有許多顯相，可惜我資質魯鈍，看不出所以然，惟有勝解。

壁面還有一小洞象徵法螺口，周遭石壁已被朝聖者摸得發亮，輪到我時，把嘴靠在小洞口往裡吹氣，感覺裡面像無底洞似的，不知通到哪裡。

南蓮師洞位於 Rangit 河邊。

　　往洞裡走，先通過象徵密輪的低矮狹窄通道，第一次來時是9月雨季，地面積水，不知深淺，我還在猶豫，一旁藏民已直接涉水往裡走了，我趕緊也捲高褲管，跟在藏民後面彎腰往裡鑽。

　　最裡側是蓮師修行室，供奉著蓮師石版畫聖像，洞頂有三處凹陷石痕，據說是蓮師自法座起身時，頭上法冠碰到頂上洞壁所留下的聖跡。

上 ｜
南蓮師洞入口以柵欄保護著。

左 ｜
進入柵欄，走過一段長通道，上
方鐵絲網為防止猴子。

右 ｜
正式入口低矮，需脫鞋彎身進入。

小寺廟主供蓮師和金剛亥母；牆上掛著
揚唐仁波切大法照。

走上石階，豁然開朗。

洞內一旁供奉著金剛亥母石刻像。

洞內最裡側是蓮師修行室，供奉著蓮師石版畫聖像。

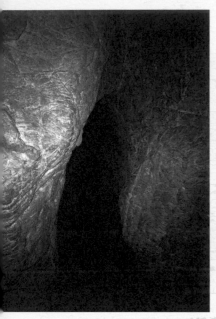  

象徵密輪的狹窄通道。

洞內四方岩壁上有蓮師降伏惡魔留下的化石和其他各種顯相。

蓮師自法座起身時，頭冠碰到頂上洞壁留下三處凹陷聖跡。

第一次朝聖是雨季，地面積水，跟在藏民後面進入。

前世今生

　　2016 年 9 月第一次朝聖南蓮師洞，入口低矮有點黑暗，脫鞋彎低身子入內，走幾步後，豁然明亮，我抬頭一看，山洞左上方有個不規則形的天然大裂縫，裝著鐵絲網，天光就是從那裡射入，可以清楚看到外面蒼翠樹木和懸掛的五色風馬旗，隨著微風輕輕飄揚。

　　瞬間彷彿有一股電流自體內流竄而生，全身酥麻，有一種似曾相識的熟悉感浮現，我告訴自己：我來過這裡！

　　記不清何時我也曾如此抬頭仰望外面明亮的空間，是夢中還是哪一個前世？當下只可意會不可言傳的情愫瀰漫心頭，頓時泫然欲泣～

　　我清楚記得生命中第一次出現類似的感覺是在上世紀末，當時尚未正式學佛，只偶而好奇翻翻佛法書。直到因緣際會讀了索甲仁波切的《西藏生死書》，雖然談中陰的部分完全看不懂，但其他章節不斷衝擊我。尤其是看到「找回自己的心」那

不知是夢中還是哪一世，我也曾如此仰望明亮的洞外，風馬旗飄揚～

一章節，浮現似曾相識的熟悉感，讀著讀著，泫然欲泣，像是離家多年的流浪兒回到了家，躺在慈母懷中，純然安心，再也不必擔憂害怕～

　　願我生生世世都能皈依三寶，實踐佛子行，真實不虛。

ཤུབ་བདེ་ཆེན་ཕུག
西蓮師洞迭千埔
·····················

　　西蓮師洞藏語稱「迭千埔」，意思是大樂洞，位於靠近尼泊爾邊境山區。

　　自 Khecheopalri 湖民宿包車出發，經 Nambu 往西走，大約開了一個半小時，在 Tesendang 村下車，開始徒步，木牌標示距 Neytham[2] 5000 公尺。

　　小村子一眼望去似乎只有十來戶人家，海拔近 2000 公尺。從這裡走到供朝聖者過夜的木屋不到 5 公里，我們花了約 4.5 小時，相較我在台灣登山的速度，算「牛步蝸行」，但朝聖就是要緩行用心感受聖地氛圍，不當急行的過客。

　　途中有好幾座涼亭供朝聖客休息，而且每隔一段距離就立木牌標註距出發地 Tesendang 多少公尺，及距目的地 Neytham 多少公尺，朝聖者能清楚自己離目標還有多遠，給人踏實安心的感覺。

　　沿途先經過一處蓮師鞋聖跡，蓋了涼亭保護，也經過當地居民自山上引水下山的大水管。山路時緩時陡，較陡處均以木

徒步一開始，山徑平緩。

---

[2]　當地人通稱四個蓮師洞為「Neytham」，Ney 是藏語，意思是聖地。tham 是尼泊爾語，意思是洞穴。合起來即神聖洞穴（holly cave）的意思。

聖跡蓮師鞋，蓋有涼亭保護。　　　上坡的山徑大多以木頭輔助舖成階梯。

頭輔助舖成階梯，看去年代久遠，木頭底部已和大地融為一體，周遭長滿野草，彷彿木階梯原本就自地底長出。

　　快抵達朝聖者木屋時，忽然下起冰雹，斷斷續續，比米粒還大，抵木屋後轉為下雪。放下行李，陪我們前往的民宿主人 Latup 擔心天氣愈變愈差，提醒趕快出發前往蓮師洞，他說步程不遠，只是路不太好走。

　　地面全是積雪，看去應該是前幾天下過雪，路陡又滑，還得小心別一腳陷進深雪中，否則鞋襪就全溼了。走約半小時到達主洞，海拔 3200 公尺，看到左側陡坡上方還有一個小山洞，洞前有一舍利塔（後來才知是揚唐仁波切的舍利塔），但上行的路陡峭溼滑，Latup 和挑伕費力爬上後喊說路不好走，也不是主洞，為了安全叫我們別上去。

　　主洞深約 20 公尺，入口寬約 2 公尺，洞口高度人可站立，蓮師法座周遭還算寬敞。往裡走，洞變低矮，需半彎腰前進，來到更低矮狹窄處，就需整個人跪下爬行了。無巧不巧，地面中間有塊長扁略尖的石頭挺立著，只能兩腳分開跨在石頭左右兩側，緩慢爬行前進，模樣十分滑稽。

供朝聖者住宿的小木屋。（攝於隔天清晨，天氣已好轉）

從木屋往上爬，地面到處有殘雪。

　　爬了一會，空間稍微大些，可以抬起上半身，看到前面一尊蓮師塑像擋住前路，無法再往裡走，拿手電筒自蓮師身旁空隙往裡照，後面還有另外一尊蓮師像，很明顯洞穴繼續往裡，只是過於狹窄，成年人已無法鑽行。

陡坡上方小白塔即揚唐仁波切舍利塔。

蓮師洞入口。

入口一側掛著釋迦牟尼佛
和蓮師的唐卡。

洞內供奉著蓮師大型銅像。

洞內這聖跡未見記載，不知是什麼？

往內爬行一段後，一尊蓮
師塑像擋住前方。

自洞內往外望。

朝聖圓滿，隔天下山時，迎接我們的是湛藍天空和燦爛陽光。

朝聖圓滿出洞，地面已舖
滿新下的雪，溼滑難行。

靈性雪豹

民宿主人父子幫忙聯絡車和找一位挑夫，嚮導由兒子 Latup 擔當，就這樣往西蓮師洞徒步出發了。

辛苦抵達西蓮師洞時，挑夫走在最前面，一進主洞，大叫了一聲，Latup 走第二個，回頭告訴我們有動物，可能是進洞取暖。擔心會攻擊人，他倆急著找木棒防護及趕走動物。

徒步兩天一夜圓滿完成西蓮師洞朝聖，下山回到小村，滿心歡喜。

瞬間一個念頭閃過：動物會不會是蓮師化身！我趕緊出聲叫他們別打也別趕，我跨進洞內一步，瞄到蓮師法座旁邊地上躺著一隻看似雪豹的動物，Latup 和挑夫正用竹棒試探，雪豹動也不動，顯然已經死亡了。

我望著雪豹，心中生起惻隱之心，雖已死亡，一身豹紋美麗如昔，不解為何會死在這裡？冬天雖冷，但動物有本能，不致於凍死，何況洞外雖下雪，洞內卻很溫暖。

近幾年拜訪青藏高原拜藏傳佛教聖地，看過不少死在聖地的牛羊遺骸，藏民都相信：有靈性的動物知道自己將死時，會自覓聖地等待往生。

看來這隻雪豹靈性很高，挑選了這裡。

為牠持咒迴向下輩子不再投生畜牲道，而是投生人道，能好好修行！

Latup 和挑夫把雪豹丟下斷崖，以免

屍體被其他動物吃掉。Latup 告訴我們，以前曾有兩位來自不丹的阿尼和喇嘛在此閉關，最後也在此往生。

藏民都相信能死在聖地是一種福報，嗡嘛呢唄美吽～

Latup 和挑夫先回木屋準備晚餐，我和亞 Lu 留在洞內修法和持咒，聖地磁場氛圍加持，洗滌身心，內外一片清明。

晚上酷寒，冷風從木板裂縫直灌進來，睡袋加內袋，還把羽毛衣圍巾全塞進睡袋空間，還是冷，尤其腳有如在冰庫，穿兩雙毛襪也無效，睡得不太好。隔天還沒天亮，Latup 和挑夫就起床生火煮早餐，原來也是冷得睡不著。

下山時，迎接我們的是湛藍天空和燦爛陽光，回想第一天上山，起霧下雨下冰雹又下雪，我們憑藉對蓮師的信心，堅持不退轉，興許是通過考驗了，蓮師恩賜藍天和陽光！

小雪豹不知為何死在蓮師修行洞內。

གྱང་ལ་རི་སྙིང་ཕུག
北蓮師洞拉日寧埔
·····································

　　北蓮師洞藏語稱「拉日寧洞」，意思是神山心洞。拉尊南開吉美尊者先於札西頂竹屋內，於淨相中直達神山心洞，獲得密文融入心中，後再親赴北洞，《持明命修》大伏藏法的法要便一個隨著一個湧現。

　　藏傳佛教四大教派都很重視的〈山淨煙供〉儀軌即屬其中一項。

　　拉尊南開吉美尊者是揚唐仁波切前世的第一世，一般公認尊者是西藏無垢友和龍

由 Labdang 村開始徒步，距離北洞單程約 9 公里，比西洞遠兩倍。

數段山路坍塌，架上木棧道代替。

未見記載，不知此石是何聖跡？

欽巴尊者的轉世。他請出無垢友和龍欽巴兩位大成就者的心意大伏藏法《持明命修》後，不僅成為百大伏藏師之列，也成為錫金佛教的奠基者。

相較西蓮師洞，朝聖北蓮師洞比較順利，由旅行社包辦兩天一夜朝聖事宜，一個嚮導加兩個挑扶協助，我們只需揹個人重要物品，輕鬆行走。

從玉僧出發，約3小時車程抵Labdang村，開始徒步，啟程路口樹幹上釘了一小木牌，標示距目的地 Neytham（holly cave）8750 公尺，將近9公里，比西蓮師洞路程長了將近兩倍。

Labdang 海拔約 1900 公尺，穿過村中房舍，先下坡，再沿山腰路緩行，約過一半路程後才有比較多的上坡。

因由旅行社代辦，個人背包很輕，但路況比西蓮師洞難走多了，林相原始茂密，有數段山路坍塌，架上木棧道代替，還有大片山坡類

林相原始茂密又豐盛。

似土石流往下滑，直瀉到下方溪谷，我們橫越通過時，部分土石還在滑動，看得我們膽戰心驚，只能硬著頭皮，邊持〈蓮師心咒〉邊一步一步踩穩往前走。

走了 5 小時抵達錫金政府為朝聖者蓋的水泥屋，海拔約 2600 公尺，隔成三間，雖然貼有朝聖者規範告示，仍髒亂不堪。壁面被亂塗鴉，門窗大半破裂，地上堆滿破舊毛毯。

水泥屋對面靠著大石壁下方，另搭有一簡易竹棚當廚房，供朝聖客燒煮食物。

還未抵水泥屋前約半小時，路邊就出現殘雪，隔天一早出發往蓮師洞，愈往上爬積雪愈多，也愈難走，緩行約一個半小時才抵達第一個洞。看去挺大，空間往裡延伸，入口供奉了一尊釋迦牟尼佛像，未見蓮師像，我便獻上隨身的大樂蓮師像（約拇指大小），供奉在釋迦牟尼佛旁。

大片山坡類似土石流滑動，往下直瀉到溪畔。

嚮導帶我們往洞裡鑽爬，到處是小通道，錯綜複雜，嚮導於每個叉口點上蠟燭，一來照明，二來返程不會走錯。鑽到最裡面，供奉著一尊大蓮師像和一尊小釋迦牟尼佛，點香供養並持咒一會才出洞。

這片連綿的岩壁遠望呈橫長型，看不出來有洞穴，走近才知分布著大大小小無數洞穴，每個

多次鑽行倒木。

從朝聖小屋往上爬，地面積雪增多。

洞穴均供奉著各式佛像。尼泊爾籍嚮導如識途老馬，帶領我們進出一個又一個的洞穴，有的較淺有的較深，有的窄到需貼緊岩壁爬行，嚮導同樣都用蠟燭點在每個分叉口，退出洞時再吹滅帶走，下個洞繼續使用。

　　從第一個洞直到抵達最高處的洞，花約一個半小時，最高處的洞海拔將近3000公尺，洞很寬但不深。洞外以藍色塑膠布拉出一個天幕，內部壇城供奉著眾多大小不一、新舊都有的蓮師像，緊靠崖壁鋪了一塊卡墊，上有毯子和衣物，看似有行者在此閉關。

此水泥屋由錫金政府興建，提供朝聖者住宿。

崖壁上方還有一處終年不乾涸也不會結冰的聖水，但路況不明顯。

洞前雪地上有一座揚唐仁波切的舍利塔，同樣以藏英中文說明立塔源由。

洞口另有錫金政府豎立的一塊英文木牌，說明拉日寧埔的意思；八世紀時古魯貝瑪桑巴哇（即蓮師）曾到此拜訪；有 7 個不同的獨特洞穴……等。

從這洞繼續往上爬，還有一處終年不乾涸也不會結冰的聖水，但路況不明顯。

我們隨嚮導進出一個又一個，大小不一的岩洞朝聖。

洞內一角，彩繪石版上刻著蓮師心咒和六字大明咒。

此塊石上有4個蓮師腳印聖跡，以竹帚為界，左邊3個右邊1個。

洞內到處供奉著各式蓮師像和法照。

洞外斜壁下，以石頭堆疊了小佛塔。

大大小小的蓮師像都是朝聖者揹上來供奉的。

紫色小花不畏酷寒燦爛綻放，令人讚歎生命力的堅韌。

最高處的岩洞海拔約 3000 公尺，以藍色塑膠布拉出天幕避雨。

最高處的岩洞很寬但不深，看似有修行者在此閉關。

145

朝聖離開下行一段後回望，連綿的岩壁呈橫長型，看不出有洞穴，走近才知分布著無數大小不一的洞穴。

最高處的岩洞外興建了揚唐仁波切舍利塔。

路遙艱辛，食宿五星

停留在 Yuksam 時，本想向揚唐仁波切寺廟僧人打聽北蓮師洞相關訊息，不巧寺廟上鎖（後來才知喇嘛遠行修法）。請教旅館主人，聽過但沒去過，建議我們直接上街找旅行社安排行程，花點錢，省事又安全。

隨機選了家旅行社進入，現場剛好有位先生甫自北洞回來，提供了最新資料，奇妙地是，他名字發音居然近似 Buddha，我和亞 Lu 對看微笑，這緣起很吉祥！

和老闆談兩天朝聖，老闆說包括吉普車來回，1 嚮導，2 挑夫兼伙夫，4 餐食物、保暖睡袋和厚睡墊，套裝價 16000 盧比。我和亞 Lu 一搭一唱砍價，最後 12000 盧比成交（折合台幣五千多）。

出發當天車開沒多久就離開主路，彎進較窄山道，一路遇到多段坍塌，其中一個大坍方，車過不去，所有人下車搬開石塊，讓吉普車通過。

抵 Labdang 村後先吃了旅行社準備的

下山後另給小費，感謝協助我們圓滿朝聖的嚮導和挑夫。

回到 Labdang，遇到一位鼻頭有美麗裝飾的村婦，大方讓我拍照。

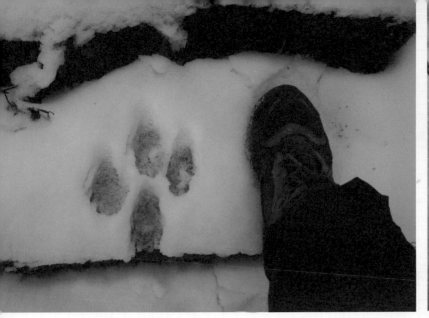

以蹄印和登山鞋的比例來看，應是體積不小的動物。　　　　　　　亞 Lu 拍到的大腳印。

便當，才開始徒步。

　　和西洞相較，往北洞的山徑難行又危險，但原始森林的林相非常豐富，充滿生命奧妙，雨中更顯翠綠，生機盎然。一路吐盡體內廢氣，再深深吸入芬多精，感覺身心皆淨化。

　　半途看到積雪的石階上面有明顯的四蹄印，亞 Lu 也拍到一個超大腳印，但嚮導不確定是何種動物，只說這裡有不少紅熊貓（喜瑪拉雅小熊貓）。

　　朝聖完海拔最高的山洞後，嚮導指著上方斷崖說那裡還有一處聖水，問我們要不要去取？一來積雪溼滑不好走，二來我和亞 Lu 想留在洞內修法，便請他們代表前往。

　　夜宿朝聖者之屋雖然條件不佳，但深山中能有這樣遮風擋雨的處所，也很幸福了。我和亞 Lu 鞋襪全溼（我的防水登山鞋因太老舊，此次又一直浸泡雨中，出現了裂縫），嚮導貼心地在屋內另升一堆小火，供暖加烤鞋襪，然後晚餐一道一道送過來給我們，外加茶和開水，我們端坐不動，化身為貴婦被伺候。就寢時，睡袋又乾淨又暖和，下方墊了一層地舖，厚實柔軟，還有枕頭。

　　相較朝聖西蓮師洞時的克難，北蓮師洞雖然路遙又險，走得艱辛，但食宿簡直是五星級享受啊！

Khecheopalri 深藏山中的聖跡

Khecheopalri 湖

蓮師心咒。

Khecheopalri 湖位於 Khecheopalri 村，所以 Khecheopalri 既是地名也是湖名，此地距離錫金首都甘托克147公里。

此湖原名叫 Kha CHOT palri，意思是「蓮花生大士的天堂」，佛教和印度教都視此湖為聖湖，相信這是一個可以實現願望的湖泊。

湖在當地還有個名字「Sho Dzo Sho」，意思是「夫人啊，你坐在這裡。」（意指此處是度母的住所）

此外也傳說蓮花生大士與眾多空行母曾在此處修行，湖形就是聖度母傑尊卓瑪留下的足印。

當地人描述此湖有個特點：雖然湖四周環繞著茂密樹林，但湖面從不見樹葉飄浮，因為只要一有樹葉飄落水面，立刻會有鳥兒飛來將樹葉銜走（牠們知道度母喜愛潔淨）。

由於崇高的宗教意義，此湖已被政府劃為保護區，成立了聖湖福利委員會執行保護和管理，入口設有售票亭，錫金人 10 盧比，印度人 30 盧比，外國人 100 盧比。

往 Khecheopalri 湖山路兩旁掛滿五色風馬旗。

木棧道通往湖中央。

湖畔靠山坡有間小供燈房。

六字大明咒。

往裡走，步道兩旁都是茂密森林，掛滿五色風馬旗，大石頭刻著彩色的六字大明咒和蓮師心咒。沒多久就看到湖，靠山坡有間小房子供點燈祈福，另有一木棧道通往湖中央，左右都是瑪尼輪和經幡旗，朝聖者可走到盡頭處，面湖焚香祈禱。

　　湖邊另有一條步道爬上半山腰，建有觀景亭可將整座湖一覽無遺，但從這裡看湖並不像腳印，必需從海拔更高的度母洞往下俯瞰才像。

　　售票口有數間販賣西藏文物的小店，我問他們：「你們是西藏人嗎？」回答都是：「不是，我們是 Tibetan Bhutia（西藏菩提亞族）。」

夏末秋初的 Khecheopalri 湖。

蓮師修行洞之一

入住 Khecheopalri 湖畔
山坡上的民宿後，年輕主人
Latup 聽到我們為探訪蓮師
聖跡而來，主動帶領我們往
山上爬，去一處當地人才知
道的蓮師修行洞。中間經過
他叔叔開的民宿，嬸嬸竟然
是日本人，原來是嬸嬸昔日
到此旅遊時認識了他叔叔，
彼此很投緣，交往後結婚，
真的是千里姻緣一線牽啊。

往上爬，經過幾戶民家，
面向湖的山坡崖邊有個大石
塊，傳說是蓮師昔日法座。
這些人家，全是信仰藏傳佛
教的菩提雅人。

再繼續上行不到 10 分
鐘，便抵達蓮師修行洞。

蓮師修行洞。

自民宿往山上爬，透過林間可看到 Khecheopalri 湖局部。

山中散落著幾戶民家，全是信仰藏傳佛教的菩提雅人。

洞內角落堆滿祈福消災的小擦擦。

洞內簡易壇城。

從蓮師法座可下眺 Khecheopalri 湖。

蓮師修行洞之二

蓮師隱密修行洞外觀。

另一蓮師洞是個更隱密的修行洞，知道者更少，位於距離民宿徒步約 1.5 小時的山谷深處。可能因為平日前往的人不多，沿途樹林草木茂密雜亂，多處坍方，山徑溼滑，上下又陡，很不好走。

一位也住民宿的印度背包客隨我們前往，走得超慢，一會兒便落後不見人影，Latup 回頭帶他，叫我走第一個（他知道我年輕時是台灣高山嚮導）。這和台灣中級山路況有點相似，以我的登山經驗，駕輕就熟。

終於看見山洞了，外觀是個超大巨石，下方有窄斜口可入洞。等 Latup 陪印度背包客到達後，他用英語介紹當地人稱此洞為 yougu，you 意思是 monk，gu 意思是 little，合為小和尚的意思，但他不清楚為何取此名稱。

下山後請教 Latup 父親，老人家娓娓道來，原來是很久以前，當地原住民雷布查人入山打獵，好幾次看到有個小和尚在洞內打坐，一開始沒人知道小和尚是誰，後來終於有人認出是貝瑪桑巴瓦，因此以雷布查語稱此洞為 yougu 小和尚洞。

聽著此傳聞，我眼前不禁浮現蓮師童子相，〈消除障道祈請文〉中如此描述：「化身童子著法衣，稀有相好妙色身，頂髻黃澤齒瑩澈，相好恰若二八齡……。」

上 |
前往蓮師隱密修行洞半途遠眺層層疊疊山巒，圖中聚落
較多的村莊即玉僧。

左 |
壇城上供奉蓮師法像。

右 |
自修行洞下方窄斜口可看到洞內設有簡易壇城。

瀑布位於隱密修行洞下方，
坡陡難行，上下需拉樹藤。

度母洞

....

　　自 Khecheopalri 村前往度母洞，需從海拔 1700 公尺爬升到 2450 公尺，單程徒步約 3 小時。

　　剛開始山路緩升，右側透過密林可看到 Khecheopalri 湖忽隱忽現，途中叉路可前往一間已有三、四百年歷史的小寺廟，可惜已毀於錫金大地震時。

　　Latup 說很久以前曾有一位喇嘛在度母洞閉關，很久都不見他下山補給食物，村民上山查看，發現已被動物（另有傳言是喜馬拉雅雪怪）撕裂死亡。從此，沒人敢再上山閉關。

　　半途不知從哪裡冒出三隻黑狗，伴同我們一路上山。

往度母湖途中經過一處掛滿白色立式風馬旗，Latup 說是當地習俗，表示家中有人過世。

度母洞。

抵達度母洞，黑狗之一靜立在洞前煙供處，往下眺望度母湖，神情肅穆，宛如是度母洞和度母湖的守護神似的。

從度母洞往下看 Khecheopalri 湖，像極一個大腳印，左為腳跟，右為腳趾，被佛教視為聖度母的腳印；印度教視為濕婆神的腳印。

面湖修畢煙供，原路返回，轉往已重建的古寺廟區參觀，新寺旁建了塔群，塔階供著金漆小佛像、諸佛心咒，有塊漆金石頭上還有蓮師留下的腳印。

走到雜草叢生的舊寺庭院，矗立著好幾座古老小佛塔，歲月痕跡斑駁，一旁空地堆疊著地震後遺下的古老梁柱基座，令人不勝唏噓。

途中冒出三隻黑狗同行，抵度母洞後，其中一隻靜立在洞前煙供處往下眺望度母湖，神情肅穆。

左 |
隱藏在蔓草中的古老小佛塔。

右 |
度母洞內壇城主供度母法像。

下 |
蓮師腳印。

Khecheopalri 湖全景，像極大腳印，腳趾在右，腳跟在左。

毀於大地震的古老寺廟區，新建仿尼泊爾加德滿都滿願塔的塔群。

有緣千里來相會

對我們而言，Latup 和他父親無疑就是菩薩的化身。

話說本要到網路記載前往西蓮師洞啟程的村子 Thingle，卻陰錯陽差被載到 Thingling 村，最後熱心村民幫忙打電話通知附近景點 Khecheopalri 湖民宿老闆 Latup（其實我們也不認識老闆，只是事前查資料時看到網路背包客推薦，記下電話），叫他到湖邊停車場接我們。

抵停車場，Latup 還未到時我們又巧遇他父親，相談甚歡，承諾會幫忙安排朝聖西蓮師洞，也會叫兒子帶我們朝聖只有當地人才知道的附近三個聖跡（兩個蓮師洞及一個度母洞）！

隨 Latup 沿 Khecheopalri 湖邊山徑上坡，沒幾分鐘就抵達民宿。營業證的民宿全稱是 Khecheopalri Santuary Homestay，老闆名字為 Latup Tshering Bhutia。Tshering 是藏族常見名字，意指長壽，Bhutia 表示他是菩提雅人。

今年才 24 歲的 Latup 說，家族在曾祖父時期自西藏康區遷移過來西錫金，曾祖父是個修行很好的大喇嘛，所以他們全家都是虔誠的藏傳佛教徒。父親自小從曾祖父那裡聽來許多蓮師事蹟，然後再講給他

陪同我們前往西蓮師洞朝聖的民宿主人 Latup。

民宿全景和 Latup 父親。

聽。Latup 說到他這一代只會聽和說藏語，但已不擅讀和寫。

　　Latup 帶我們參觀父親發願蓋的綠度母小寺廟，就位在民宿前方空地，還未完工。他告訴我們一件神奇事，動工前進行翻土時，從地底挖出許多寶貝，包括一尊佛菩薩石像、海螺化石以及修法用的鈴、鼓等。

　　我和亞 Lu 一看到那尊佛菩薩石像，都忍不住微笑讚歎，為之取名「微笑菩薩」，雖然雕刻線條簡單，卻充滿樸拙之趣。

　　我們住民宿二樓，房間一側面向被密林遮掩住的 Khecheopalri 湖，另一側陽台則視野遼闊，隔著山谷可遠眺玉僧。不遠下方有塊草地，昔為湖泊，現已乾涸。據說蓮師曾自玉僧一跳，跳到此湖，再一跳，跳到 Khecheopalri 湖。

被我們稱為「微笑菩薩」的石佛像。

蓋寺前，翻土整地時，從地底挖出海螺化石。

Latup 父親發願蓋的綠度母小寺廟壇城。

據說蓮師先自玉僧一跳到此湖（現已乾涸），再一跳到 Khecheopalri 湖。

Pelling 開窗見山

貝瑪揚澤寺
·····················

貝瑪揚澤寺（Pemayangtse）坐落 Pelling
郊外，海拔約 2100 公尺。依據寺方說明牌，
這是錫金六座最主要的寺廟之一，也是錫金
最古老的寧瑪派寺廟。由拉尊南開吉美初建
於西元 1647 年，建寺前，拉尊曾在此地於淨
相中親見馬頭明王和金剛亥母。

一開始只有一間小小的扎倉（僧院），
1705 年改建才擴建成佛殿，並命名為「桑千
貝瑪揚澤寺」（大密蓮花極頂寺），當時有
108 位僧人。

幾世紀以來，經歷了大自然嚴酷的地震
和其他災害，歷經整修成為目前面貌，現有
三百多位僧眾。

上世紀，揚唐仁波切被西藏康區多芒寺
認證為多傑德千林巴轉世，直到被迎往康區
之前的幾年間，揚唐仁波切都駐錫在貝瑪揚
澤寺。此寺廟也是目前世上僅存少數專修拉
尊南開吉美《持明命修》伏藏法脈的寺廟。

貝瑪揚澤寺蓮師像。

寺內壁畫精美，藏有大量珍貴唐卡、佛像、經文和畫卷。一樓是主要大殿，二樓有蓮師拉康（佛殿）和古藏文佛經圖書館，頂樓有座蓮師的桑多巴瑞（即銅色吉祥宮殿）。精美的漆木結構，據說是一位仁波切日夜不綴工作了5年才建成。

自貝瑪揚澤寺山門沿車道爬坡走往寺廟，會經過路旁一古老佛塔。

抵達大殿前外側的僧寮區。

藏式傳統建築白瑪草牆搭配八吉祥浮雕，倍極精美。

歷經整修的貝瑪揚澤寺大殿現貌。

桑阿卻林寺

　　位於小山丘頂的桑阿卻林寺（Sang-Ngag Choling），一般認為是錫金第二古老寺院，但依據寺方印製的簡介資料，卻自稱是錫金最古老的寺廟。前往寺廟需自 Pelling 街上徒步約 40 分鐘陡峭山坡；或包車前往。

　　「桑阿卻林」意思是密咒法洲，屬寧瑪派傳承。由拉尊南開吉美初建，之後於 1714 年重建，1966 年再度重新修復。

桑阿卻林寺主殿。

主殿內部布置莊嚴。

　　寺廟主殿不大，內部布置莊嚴，抵達時沒看到任何僧人，只聽到樓上傳來陣陣鼓聲，可能在修法，不敢上去打擾。主殿外的庭院非常寬廣，一側有間小佛堂，內部放置轉經輪和大鼓，中央供奉四尊古老佛像。其中四臂觀音造型手法樸拙，令人望之即心生寧謐。

　　庭院的另一側是古老佛塔區，經行繞轉時，看到相鄰不遠的對面山丘上有一座超大的四臂觀音像，隔著迷濛霧氣，靜靜地俯視著桑阿卻林寺。依據錫金旅遊局宣傳小冊介紹，四臂觀音像旁邊建有玻璃空中步道環繞，吸引很多遊客前來觀光。

庭院一側的小佛堂內供奉四尊古老佛像。

桑阿卻林寺位於遠處小山丘頂部。

經行繞轉古老佛塔區時，可望見不遠處山丘上新建的超大型四臂觀音。

金剛亥母洞

金剛亥母洞（Dorjee Phamoi Ney）所在位置屬密輪，而金剛亥母的頭部位置就是桑阿卻林寺所在的小山丘。

從 Pelling 往玉僧方向開不到 10 公里，右側叉路立有告示牌：歡迎前往 Dorjee Phamoi Ney（多傑帕媽即金剛亥母），右轉再開約 4 公里，車道終點下車徒

金剛亥母洞聖跡入口。

步，山路平緩好走，10 分鐘就到了。

有一塊非常特別的巨石，正面看只是一塊橫紋路的普通大石頭，繞到後面看，圓弧形的表面凹凸不平，布滿大小不一有如長期受河水或海水侵蝕而成的窪洞。據說每天當陽光斜射而入，照到巨石時，巨石會閃閃發亮，連身在遠方的人也看得到閃光。因此當地民眾都相信巨石非常神聖，時常到此祭拜，祈請消災賜福。

往左繞，象徵密輪的小洞位於巨石左側下方，蹲下往裡看，目測大約只深約半公尺便碰壁了。

巨石四周山坡，散布著數間小木屋，長期有修行者於此閉關。

象徵密輪的小洞位於巨石左側下方。　巨石背側凹凸不平，布滿大小不一的窪洞。

金剛亥母洞巨石。

緣起善妙，迭千大樂

2016 年 9 月，揚唐仁波切於玉僧主持甘露法藥法會前，我隨上師及幾位喇嘛提早搭火車抵印度和錫金邊界 Siliguri，上師他們直接轉車前往玉僧預做前行準備。我獨自辦好 Inner Line Permit 進入，待的第一個城鎮就是海拔 2150 公尺的 Pelling。

當時住宿外國背包客推薦的 Hotel Kabur，外觀低矮毫不起眼，但因緊臨山谷坡地，擁有背包客公認最棒的景觀，面向山谷的房間只要打開窗戶就可觀賞世界第三高峰干城章嘉峰山脈景緻。只是不巧我連住兩天都下雨，一片迷濛，只能望著老闆掛在餐廳牆上的巨幅山景照片想像。

2020 年 2 月，我和亞 Lu 一起朝聖錫金，第一站也是住 Pelling。找住處時被一家名叫 Hotel Garuda（大鵬金翅鳥）的旅館吸引，藏式風格，內部有點老舊（後來才知已開設 30 年），但還是看得出來昔日風華，牆上掛著許多佛教著名大師法照。老闆會說英語和藏語，有問必答，提供了不少朝聖訊息，還為我們畫了附近朝聖簡圖。

不知老闆是否看我們遠道而來又是虔誠佛教徒，讓我們住頂樓後側天台的獨棟小木屋，房間很大，雙床位一晚只收 900 盧比（台幣約 400 元），真是太佛心了！更棒的是，小木屋旁邊就是老闆家佛堂（老闆說我們隨時可進入），空地上還有一修煙供的煨桑台，四周一片吉祥。

要進小木屋時，望見門外掛的木牌寫著英文 Dechen，我告訴亞 Lu「迭千」藏語意思就是「大樂」，兩人都覺得這緣起非常好，滿心歡喜，連住三晚。

大鵬金翅鳥旅館位在十字路口，非常醒目。

大廳內部一角。

Yuksam 三位僧侶相遇處

噶陀寺
....

　　噶陀持明洲寺，簡稱噶陀寺，位於海拔 1750 公尺的玉僧（Yuksam）。由揚唐仁波切於 2003 年重建，大殿主尊蓮花生大士，揚唐仁波切於聖像中安奉一尊蓮師補處伏藏聖像作為智慧尊，這是蓮師二十五王臣弟子所造的二十五補處像之一。

　　噶陀寺開光落成後，成為仁波切多次主持普巴法會、蓮師薈供及甘露法會之處，包括仁波切圓寂前一個月在此煉製甘露法藥，那是仁波切此生最後的佛行事業。

　　揚唐仁波切出生於西錫金揚唐地區（位於 Pelling 和 Gyazing 兩地之間），後被迎請回西藏康區駐錫多芒寺。由於他誕生在揚唐，被稱為揚唐祖古或揚唐仁波切，復因他是多芒大伏藏師多傑德欽林巴的轉世，又被尊稱為「多芒揚唐仁波切」，多芒揚唐的名稱貼切地傳達了他是康巴人和錫金人的雙重身分。

噶陀寺主殿供奉的蓮師像。

　　1959 年，西藏政治波動，不久仁波切遭逮捕監禁長達 20 年，1981 年才被釋放，多芒寺已面目全非，揚唐仁波切於是返回錫金定居。先於 Pelling 住了幾年，2001 年搬遷到到玉僧駐錫，直到圓寂。

　　十七世紀三位寧瑪派大師（拉尊南開吉美、噶陀昆杜桑波及阿大森巴千波）在玉僧會合，大興佛教

清晨於玉僧民宿頂樓遠眺干城章嘉峰，村落正在甦醒中。

的盛況已成過往，只有拉尊的駐錫地密咒金剛座（目前稱為竹帝寺 Dubdi）還留存，其餘兩位大師的駐錫地均已衰敗。

揚唐仁波切來到玉僧後，開始重建教法。首先在阿大森巴千波往昔駐錫地紅宮，新建阿大菩提洲寺，供奉主尊十一面千手千眼觀音；在噶陀昆杜桑波往昔駐錫地曼達崗（離諾布崗不遠）新建噶陀寺，供奉主尊蓮花生大士；在玉僧市集中心新建大轉經輪殿，內有 18 個銅、金等材質製成的大轉經輪；在前往噶陀寺的叉路口新建一座大型菩提塔。

民宿頂樓另一側可看到位於曼達崗的噶陀寺及市集中心大轉經輪殿。

噶陀寺山門。

噶陀寺主殿。

大型菩提塔建在前往噶陀寺的叉路口，遠方雪山即干城章嘉峰。

諾布崗

西元 1642 年,三位大師在玉僧的諾布崗(Norbugang)為錫金第一任法王彭措南傑舉行加冕儀式,三位大師和錫金法王在加冕禮時所坐的石製法座,保存至今。法座中央主座供奉著拉尊南開吉美法照,他的右手側是法王彭措南傑法照,左手側是阿大森巴千波和噶陀昆杜桑波法照。法座旁邊地面有一個石頭,上有拉尊南開吉美留下的腳印,據載腳印是作為立誓的備忘聖物。後來每年錫金各族都會來到腳印前,紀念過去立誓過程,並檢視一年來各族有無違犯誓約。

法座前方有一座由拉尊南開吉美所建的佛塔,尊者在這裡及札西頂共建了兩座佛塔,內供奉許多聖物及錫金各地的水、土、石等,被視為是全錫金最殊勝的佛塔,稱為「吉祥燃光塔」。

昔日加冕禮時三位大師與錫金法王所坐的石製法座。

拉尊南開吉美建的吉祥燃光塔和神木大松樹。

揚唐仁波切舍利塔。

拉尊南開吉美留下的腳印。

　　法座後方有一棵巨大松樹，一般相信和法王彭措南傑的加冕禮儀式有關聯，被視為神木。

　　2016年揚唐仁波切圓寂後，在加冕禮法座附近山坡下新建了一座兩層建築，上方是大成就者湯東嘉波塑像；下方殿堂便供奉著揚唐仁波切的舍利塔。

法王彭措南傑法照。

噶陀昆杜桑波法照。

拉尊南開吉美法照，根據記載，他曾飛過岩壁斷崖，到達靠近干城章嘉峰的卡布魯山頂，由於在雪地裡受凍，後人常將他皮膚畫為藍色。

阿大森巴千波法照。

竹帝寺

　　拉尊南開吉美於錫金建立了數間寺院，第一間「三界成熟解脫生圓寺」於 1647 年建在玉僧郊外的一處寂靜山丘處，是拉尊駐錫多年的道場，他在寺內的住所稱為「密咒金剛座」。

　　這間錫金最古老的寺廟目前稱為竹帝寺，意思是修行道場，位於茂密森林中，前往時需走半個多小時山路。大殿前的石塔曾因地震傾毀，後來重建。大殿後方有座金剛亥母殿，裡面的金剛亥母像由拉尊南開吉美所建。

　　寺內保存了很多老佛像，以及三大高僧及錫金第一任國王的法像。

竹帝寺意為修行道場，位於森林中，碧草如茵。

上｜
竹帝寺是錫金最古老的一間寺廟。

中｜
窗櫺雕飾雖已老舊，仍看得出昔日風華。

下｜
金剛亥母殿位於大殿後方，供奉拉尊南開吉美所建的金剛亥母像。

右｜
大殿內供奉了揚唐仁波切第一世拉尊南開吉美的忿怒相。

噶陀魂湖

Kathok Lake Eco Park 一般稱為「噶陀魂湖」，被視為聖湖，位於離諾布崗不遠的公路旁。

自揚唐仁波切所建大菩提塔路口，沿公路往前走，先經過往諾布崗的左叉路口，再繼續往前數十公尺，公路右側有一入口通往湖畔，門票每人 10 盧比。

1642 年，三位聖僧喇嘛為第一任法王舉辦加冕典禮時，曾取用這裡的湖水。此外，小湖也代表三聖僧之一的噶陀仁增千波的魂湖，他在 17 世紀認可此湖之神聖。西藏人相信當代表某位高僧之魂湖的水若少了，就表示當年高僧會有障礙，需修法去除；若水量豐沛，代表高僧那年會很順利。

此小湖代表噶陀仁增千波聖僧的魂湖。

從山坡樹林中觀湖，湖水綠意盎然。

升虹法藥

2016 年 10 月 15 日，揚唐仁波切在印度 Hyderabad 對執著世間一切為實有的眾生，示現圓寂，於法界長眠。

仁波切圓寂前主持的最後一場法會是甘露法會，時間為 9 月 4 ～ 13 日，由

只要看到鏡頭對著自己，揚唐仁波切總維持不動，慈祥以對。

我上師堪布徹令多傑仁波切與貝瑪揚澤寺代表洛本登巴嘉措共同向揚唐仁波切請法藥，台灣有 10 位弟子全程參與。

法藥製作有「勇士獨修」與「會眾共修」，仁波切採「勇士獨修」進行，對我上師說：「我一人修就可以了，你來進行淨沐法藥，包括驅逐障難和淨沐兩部分。」

於是，仁波切在噶陀寺大殿修法，我上師與其他堪布、僧眾在殿外迴廊，依《持明命修》進行薈供和護法的供奉，又依《金剛薩埵》法門，每天進行三回淨沐。

修法第三天下座時，戶外原本陽光普照，突然下起雨，雨過天青後，出現一道彩虹。後來聽村民說，自村中遠遠看過來是兩道彩虹（還有人說看到三道彩虹），我們可能因離太近反而看不清較淡的那道霓。

根據統計，不論是在錫金還是尼泊爾，揚唐仁波切主持的甘露法藥製作，只

有一次沒出現彩虹，因此，這些甘露都被稱為「升虹法藥」。

除了出現彩虹瑞相，也出現「白搓法藥」（自然形成的小法藥丸）瑞相，如此殊勝，難怪仁波切一反往昔謙遜低調，修法藥期間多次表示：「莫等閒視之。」「以後花十萬也買不到了。」

法會最後一天，揚唐仁波切給予大眾〈長壽法〉灌頂，這是仁波切此生所傳的最後一個灌頂。

負責打鼓的隨侍喇嘛格桑札西表示，法會期間，仁波切都是凌晨一點多起床，晚上約九點就寢，除了三餐和短暫休息外，全在進行課誦和修製法藥。

如此強度的修行，令人敬佩得五體投地，當時仁波切已 88 高齡、只有一個肺在運作、曾手術過的腿骨裡的鐵釘不時會如刀割般疼痛……。

貝諾法王曾開示揚唐仁波切與他無二無別，許多仁波切也一致公認揚唐仁波切是當代一位真實了義的大瑜伽士、成就者。仁波切有很多神通事蹟，卻謙遜低調，不喜弟子提，只一心專注閉關、念修、禪定和弘法，從無傲慢心。

如今回想這些天，日日浸染於仁波切浩瀚如海的悲智佛行中，我們 10 位台灣弟子真是何等有福報啊！

甘露法會第三天出現太陽雨及彩虹（寺廟只看到一道，遠方看過來則有兩道）。

甘露法藥製作。

甘露法藥製作（左為堪布徹令多傑仁波切，中為揚唐仁波切的侍者喇嘛格桑札西）。

揚唐仁波切台灣舍利塔

1990 年揚唐仁波切首度來台，也是他首次在西藏和喜瑪拉雅地區之外的傳法。最後一次來台是 2012 年，期間來台十多次，台灣可說是仁波切海外傳法次數最多的地方。經由台灣弟子倡議，各地信眾贊助，於台灣興建仁波切舍利塔，以弘揚特殊意義和特別感情。

2018 年，揚唐仁波切的眷屬得知台灣弟子發願建塔，主動贈予仁波切頭蓋骨碎片，作為建塔緣起。

揚唐仁波切舍利塔（右）與金甯山寺原有的五輪塔，形成雙塔園區。

2019 年初，揚唐仁波切曾多次傳法的彰化縣社頭鄉金甯山寺，住持釋乘甯法師慈悲提供建地。秋冬之際，揚唐仁波切的眷屬再賜予兩顆仁波切舍利。

2019 年 12 月，祖古仁增貝瑪仁波切來台，如法監修指導舍利塔的建設。塔內安奉：揚唐仁波切舍利兩顆和頭蓋骨碎片、明珠多傑伏藏師遺骨、頂果欽哲法王法衣、貝諾法王遺髮與法衣、無垢光壇城、無垢頂壇城、諸本尊咒語、寶瓶等聖物。塔高約 6 公尺，由花崗岩材質打造，與原有的金甯山寺五輪塔形成雙塔園區。

2020 年 2 月 28 日，舍利塔開光落成。

པད་བཀོད།

第叁章 貝瑪貴（西藏）

總介

　　西元 8 世紀，蓮花生大士受吐蕃王赤松德贊邀請入藏，將佛法扎根並弘揚後，蓮師遍訪西藏尋找聖地。

　　來到此地，發現山峰連綿，從海拔 4000 多公尺往南，下降到數百公尺，區內一個又一個的山峰恰似花瓣開展，朵朵蓮花綻放，頗具聖地意象，因此命名為「པད་བཀོད」（藏語讀音貝瑪貴，中國譯為白馬崗）。

　　藏語貝瑪是蓮花，貴是聚集、莊嚴之意，係指此地之清淨無染猶如安置無量蓮花般之神聖莊嚴。後來在西藏《甘珠爾》大藏經中就有「佛之淨土貝瑪貴，隱密聖地最殊勝」的記載。

　　傳說這裡有吃不完的糧食，喝不盡的牛奶，還有虎骨、麝香、雪蓮、靈芝等俯拾即是，山珍野味、各種水果應有盡有，並且藏有打開通往極樂世界之門的金鑰匙……。

　　根據記載，中國

自貝瑪謝日神山眺望仰桑貝瑪貴，谷底仰桑河一路蜿蜒流入雅魯藏布江（印度稱為布拉馬普特拉河）。

全身黑亮、四腳白色、氣宇軒昂的這種牛，只有在貝瑪貴聖地才看得到。

56 個少數民族中的門巴族、珞巴族，約三百年前來此，雖然沒找到傳說中的極樂世界，卻發現這裡土地富饒，於是定居下來。他們稱此地為「白隅欠布白馬崗」，意思是「隱藏著的像蓮花那樣的聖地」。

但若根據今日貝瑪貴耆老口傳歷史，大約 15 世紀，有批藏民從西藏遷移到不丹，同時期也有人遷移到貝瑪貴，他們自稱是貝瑪貴原住民，稱為「羌那」。

貝瑪貴的行政區原屬西藏林芝地區墨脫縣，20 世紀初，因政治因素一分為二，形成西藏貝瑪貴與印度貝瑪貴，西藏貝瑪貴仍屬墨脫縣；印度貝瑪貴則與原本屬於西藏的錯那、隆子、察隅、墨脫四縣大部分土地及朗縣、米林兩縣少部分土地， 起被印度政府劃為阿魯納恰爾邦。

阿魯納恰爾邦共分 13 區，貝瑪貴屬於 Upper Siang 區，位於最北邊，緊臨邊境，越過邊境便是西藏自治區的墨脫縣。

依《貝瑪貴聖地誌》記載，貝瑪貴有四門，東門開向卡瓦格博神山，南門開向聖地印度的甘朵，西門開向大聖地雜日達拉，北門開向波密玉日崗。整個貝瑪貴的地勢有如仰臥的金剛亥母身形：「右手高舉，作期剋印，即工布地區的布曲黃金佛殿；左手抓著青蛙和蛇，即波密的倉巴龍弄董曲喀瓦佛殿；臉朝天為嘉拉吉祥山；右乳為天鐵熾燃山，左乳為大笑空行雪山；雙足橫跨巴絨、但須兩地。」

此金剛亥母身形，頂輪（大樂輪）、喉輪（受用輪）、心輪（法輪）、臍輪（幻化輪）、密輪（護樂輪），五輪具足。臍輪以上均位於西藏貝瑪貴，印度境內僅有密輪護樂輪，但密輪護樂輪卻是最重要的根本位置。近代由西康轉世到貝瑪貴的第二世

敦珠法王稱之為「仰桑貝瑪貴」，仰桑是藏語，意思比隱密還要更隱密，指的就是雅魯藏布江支流仰桑河流域。

仰桑貝瑪貴的位置明確，從緊臨雅魯藏布江的土亭村（Tuting）過吊橋往仰桑河匯入口走，再沿著仰桑河溯源到海拔 4000 公尺的神山聖湖區，所有最殊勝的聖跡都在此。

第二世敦珠法王 17 歲時，在土亭村舉行了大寶伏藏法灌頂。流亡印度後，又多次返回普巴金剛聖地舉行大成就法會，以及賜予當地民眾其他灌頂、教授。

1932 年誕生、2009 年圓寂的寧瑪派法王貝諾仁波切，也是貝瑪貴人，他在 1936 年以轉世靈童身分被迎回西康白玉寺，後於 1959 年流亡，取道貝瑪貴進入印度，期間在仰桑貝瑪貴住了六個月。

昔日，蓮師預言西藏境內將有戰亂，百姓遭逢迫害，特別授記貝瑪貴將是避難地。他親至貝瑪貴閉關修行，安住於禪定中長達七個月，賜予此地密乘教法，加持山林成為殊勝密境。

後來果然應驗，20 世紀中葉中共入藏，以康巴為主的藏民為避迫害相繼遷移至此，得以保住性命並延續佛教法脈。

《貝瑪貴聖地誌》記載：「為利未來有情故，加持此處勝密境，一生獲得持明處，雖僅居住此聖地，慈心悲心自然增……較彼他處修一年，此地一月修更佳；較彼他處修一月，此地三日修更佳。」使得這裡一直是藏傳佛教徒嚮往的偉大剎土。

如今，貝瑪貴散居著藏人、珞巴人、門巴人及少數印度人，共約一萬多人，藏人只有三千多人；仰桑貝瑪貴則只有藏人和珞巴人，約數百人而已。若要再細分藏人，第一類是羌那人——約 15 世紀移居來此，自稱為藏族原住民；第二類是康巴人——中共入藏，為避迫害從康區遷移來此。兩類同屬藏族，文字相同，但語言略有出入。

整個貝瑪貴聖地雖然沒有完全與世隔絕，但地處偏遠山區，交通不便，又靠近印藏邊界，被列為管制區，外人無法隨意進入，也因此保留住了此地的神聖與神祕。

歷盡艱辛才能抵達的仰桑貝瑪貴神山聖湖區之五魂湖
（代表五方佛）。

前奏曲

自 2010 年至 2023 年，我已朝聖過蓮師密境貝瑪貴 13 次，每次短則 2 週長則一個多月。台灣和貝瑪貴之間相距遙遠，能有如此殊勝因緣，除了因為和蓮師的法緣，也因為貝瑪貴是我上師的家鄉。

我於 2008 年皈依寧瑪派白玉傳承的堪布徹令多傑仁波切，堪仁波切是南印度南卓林寺佛學院第一屆昇座、備受貝諾法王稱讚的五大堪布之一。

2010 年 7 月，堪仁波切要返鄉為即將完工的菩提昌盛寺安置金頂，並主持〈蓮師十萬薈供〉大法會，我們 4 位弟子隨行攝影記錄。從台灣出發先飛加爾各答，轉印度國內班機到阿薩姆邦 Dibrugarh，再換搭吉普車，連人帶車上船，航行雅魯藏布江（印度稱布拉馬普特拉河），上岸後再開車兩天一夜，才抵達貝瑪貴土亭村。

車從平原開進山區，便進入阿魯納恰爾邦，崎嶇不平的狹窄道路沿著雅魯藏布江迂迴，一路顛簸。堪仁波切說他小時候只有山徑，出入全靠走路，這車路還是近十年印度為了軍事邊防而開發，但路況差，一到雨季就坍方。

去過一趟，才明白前往蓮師密境貝瑪貴有多麼困難！才明白上師每年來回印度和港台之間弘法多麼艱辛！這法緣無比殊勝啊！

隔年 1 月寺廟正式落成，港台弟子共 60 多人前往參加開光典禮，歡度西藏新年。我和另兩位師姐續留，待了一個月，隨上師朝聖仰桑貝瑪貴。

2011 年 10 月我獨自前往，與寺廟僧人和藏民朝聖海拔 4000 公尺的神山聖湖區。那次是我 40 多年登山經驗中，走得最慘的一次，卻也創下記錄成為溯源仰桑貝瑪貴極密聖境朝聖的第一位台灣人！

2013 和 2015 年隨上師轉神山朝聖，其中一次在神山聖湖區待了 20 天。

每年藏曆新年，上師均邀請當代大成就者前往貝瑪貴灌頂及講經説法。其中，2017 年及 2023 年二度邀請巴卡祖古仁波切。

　　有幸多次跟隨上師身旁，亦步亦趨在艱困環境中徒步朝聖，深切體會到上師的悲智行誼及弘法大願，一絲一毫真實不虛。

　　每逢藏曆新年，菩提昌盛寺除舉辦各種大型法會及長達半個月的〈紐涅〉外，上師也會邀請當代大成就者前往灌頂、講經説法，非常殊勝。

　　幾乎每年都排除萬難前往參加的我，成為駐留貝瑪貴時間最長的弟子，上師對我認識漸多，還因我體能好，戲稱我是「貝瑪貴的原住民」。

回想初次前往時，我連貝瑪貴在哪都沒概念，之後才知道往北數十公里便是中印邊界，邊界北側就是我很早就想去，但未對台灣人開放的墨脫（大陸背包客稱為世界最後的天堂密境）！

本以為今生會和這密境錯身而過，萬萬沒想到，最終我竟然從南側的印度進入了，因緣不可思議呀！

《阿彌陀經》提到，在淨土中，青草綠樹都十分清淨莊嚴，微風鳥鳴都像在宣說佛法，這種意境我待在貝瑪貴時特別容易感受到。

土亭村全景，菩提昌盛寺位於圖右側江畔高地（圓圈處），圖中央臨江一帶為印度軍隊駐守區，白色橫長區塊係軍機跑道。

也因為貝瑪貴是蓮師親自加持及授記的極密聖地，只要虔誠憶念蓮師，與蓮師心意合一，來自蓮師的加持力，就會讓心識特別清明。我無數次「夢中知道自己在作夢」的體驗，都發生在貝瑪貴。

蓮師曾說：「任何對我有信心的人，我都會守護在他的身邊。」

現在，就讓我將朝聖貝瑪貴13回的精華，獻給對蓮師有信心的人，一起來趟紙上臥遊朝聖吧！

菩提昌盛寺現況空拍。

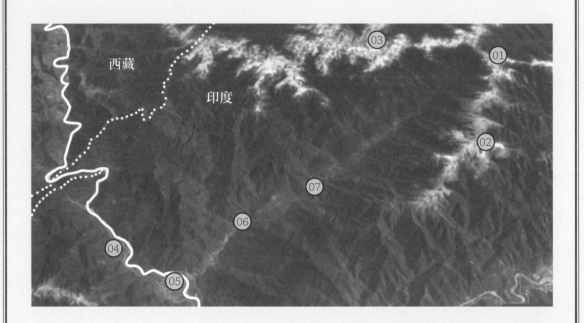

西藏

印度

01 法身阿彌陀佛聖地貝瑪謝日神山
02 報身大悲觀音聖地日沃達拉神山
03 化身蓮師聖地孜大布日神山
04 雅魯藏布江
05 Tuting 土亭村
06 仰桑河
07 迷哇果札

勝樂金剛聖地迭哇果札

如果說仰桑貝瑪貴是貝瑪貴聖地的精華所在，那麼迭哇果札便是仰桑貝瑪貴的心臟，被記載為勝樂金剛聖地，是所有到仰桑貝瑪貴朝聖的藏民必先朝聖的聖跡。

乍看迭哇果札只是一座小山丘，實質卻是一個有無數聖眾環繞的清淨聖境；繞行迭哇果札是貝瑪貴人的傳統，有任何祈求與困難，都會前來繞行，作為吉祥的緣起。他們相信，不斷繞行迭哇果札和隱藏無數聖眾的山林，能夠消滅罪障、增長福慧，種下來世生於淨土之因。

迭哇果札位於小山丘上，地勢比四周山峰略低，仰桑河流到此處很奇妙地拐了一個大迴彎，繞著小山丘轉了四分之三圈再往下游流去。形成迭哇果札宛如孤島遺世獨立，對外均以吊橋聯結。

一般朝聖迭哇果札，會先爬上山丘頂，進迭哇果札寺禮佛及向寺旁蓮師天然岩石法座祈

左起為由東村得滇札西郤林寺上師烏金彭措仁波切（當地慣稱烏金祖古），長期於美國弘法；中為迭哇果札寺及瑪哈果扎寺住持貝瑪仁增祖古，長期於台灣弘法；右為我上師堪布徹令多傑仁波切。

請加持後，再依個人體力和發願決定內轉、中轉或外轉。內轉就是繞轉迭哇果札寺108圈；中轉繞轉山腰；外轉繞轉最外圍一大圈，先循著小徑穿越密林和攀爬岩壁，越過幾條滙入仰桑河的山溪，山溪架有獨木橋或簡易竹橋，若橋被大水沖斷，只能涉水。因此，冬季水勢小時最適合繞轉。

　　迭哇果札寺由大伏藏師札昂林巴（蓮師弟子阿札喇薩雷的轉世，前後取出伏藏法本共 25 品，其伏藏傳承目前仍是貝瑪貴眾多瑜伽行者的重要修持法門）所建，昔日他迎請 17 歲的敦珠法王二世，從西藏貝瑪貴前來寺廟傳法，那是敦珠法王第一次傳授《大寶伏藏》灌頂及口傳。至今，寺廟仍保存許多聖物，包括札昂林巴取出的伏藏佛像和法本、百年以上的古老佛像、經典與佛塔等，寺外還有蓮師安坐七個月的天然岩石法座，蓮師安坐其上廣傳密咒金剛乘教法，並加持法座成為伏藏寶篋。

　　迭哇果札寺在上世紀末受到大地震破壞後，先由當地民眾堆疊石頭重建，但因經費不足，只建了一層，最終才由札昂林巴轉世的貝瑪仁增祖古修建完成。

　　寺廟外側還有一塊形似烏龜的天然巨石，上面放了一個光滑圓滾的石蛋，比大鵬金翅鳥聖跡的雌鳥蛋小一些，可扛在肩上繞轉寺廟，非常殊勝。

大外轉迭哇果札時會經過無數聖跡，包括蓮師閉關修行洞，2011 年我初次前往，入口窄小，必需身體趴在地面，雙手往前伸直，左右扭動身軀才能進入。洞內約可容納十多人站立，空間由外往裡縮，一塊天然石塊位於最裡側狹窄處，係蓮師法座，被布置成供桌。

過吊橋後，先繞轉神樹三圈，才開始往上爬。

空行密輪聖跡，內部均為紅土，塗抹臉部可獲得加持。

上 |
蓮師安坐七個月的天然岩石法座，位於寺廟旁。

左 |
形似烏龜的天然巨石和光滑圓滾的天然石蛋。

右 |
此圓槽石位於蓮師法座後方，據說只要把臉貼靠
祈請，就能獲得美貌。

蓮師閉關洞位於迭哇果札外轉道上，入口狹窄，需貼地匍匐進入。

蓮師閉關洞最裡側的天然石台，朝聖者於此獻上哈達。（賴宣林攝）

勝樂金剛聖地迭哇果札寺位於小山丘最高處。

迭哇果札大轉時會多次經過架在
山溪上的竹橋；後方岩壁上的白
色聖土塗臉上可消災解厄。

三神山五魂湖

在仰桑貝瑪貴眾多聖跡中，以神山聖湖區最為殊勝，也最難朝聖，因為位於密境最深處，來回徒步需花費較長時間，而且海拔高 4000 公尺。

神山聖湖區包括三神山和五魂湖，三神山即化身蓮花生大士聖地「孜大布日」（精藏之城）、報身大悲觀音聖地「日沃達拉」（普陀山）、法身阿彌陀佛聖地「貝瑪謝日」（蓮花晶山）。

傳說整個神山聖湖區分散著 108 個湖泊，其中最大的五個相鄰湖泊代表五方佛：中央毘盧遮那佛、東方金剛不動佛、南方寶生佛、西方阿彌陀佛、北方不空成就佛。每個湖代表一個佛，只有登上孜大布日神山鞍部，才能將五魂湖同時納入眼底。

化身蓮師聖地孜大布日（精藏之城）

朝聖孜大布日神山，自珞巴族 Kuging 村啟程時還有村民來送行。

早期朝聖孜大布日神山，需自土亭村雅魯藏布江吊橋開始徒步，走幾小時抵達海拔 850 公尺的珞巴族 Kuging 村，住宿一晚，再依腳程快慢走 2 或 3 天抵達湖畔小寺廟，然後以一天輕裝繞轉達那果夏湖和孜大布日神山一圈。

第 1 晚第 2 晚都住簡易竹寮，
內有鍋具供朝聖客共用。

林相原始，山徑樹根石頭盤踞，有時爛泥糾結，溼滑難行。

　　2011 年我首次朝聖孜大布日神山和五魂湖，上師在香港弘法，另為我安排 1 位經驗豐富的藏族嚮導吉達帶路。吉達擔心我和同行的胖祖古體力不好，預排上山 4 天，轉湖轉山 1 天，下山 2 ～ 3 天，回到 Korgin 村住一晚，隔天再返回寺廟。

　　那次歷經艱辛爬高後，看到五魂湖齊現身（拍完照就隱入雲霧中），感動得淚眼迷濛。《貝瑪貴聖地誌》記載：「聖地孜大布日者，山溝猶如蓮花開，河如甘露具光華，五方佛之五魂湖，烏金達那果夏湖，殊勝稀有奇絕也……。」

　　依據記載，修持密咒具有相當力量的瑜伽士朝聖達那果夏湖時，都能親見形相巍峨的蓮師聳立湖面。我們修行證量不足，沒看到蓮師顯相，但吉達語帶鼓勵說：「能在孜大布日鞍部看到五魂湖一起現身就表示福報很大，有許多朝聖者來過數次都還沒看過呢！」

第2晚缺水，只有這窪黑水池，用紗巾過濾浮游物後，煮了一頓黑灰餐。

第3天，離開密林爬上稜線，視野開濶，遠方高聳雪山浮現，是位於墨脱縣海拔7782公尺的南迦巴瓦峰，中國十大名山中排名第一。

第 3 晚住宿海拔 3550 公尺的山屋，站在山屋前就能欣賞北方南迦巴瓦
山脈的雲海和落日，磅礴變幻，飄渺空靈。

第 4 天，朝聖路往東走，北方南迦巴瓦山脈在左側伴行。近午時出現此
行第一個湖泊，名叫「朵龍」。

不久又出現一湖泊，名叫「油空」。　　中午走到一天然巨岩，面對著下方這湖泊「陡公措」午餐。

翻過有祈福塔的鞍部後，五魂湖的第一湖不空成就佛魂湖在下方出現。

經過第一湖後不久，又見兩湖，嚮導說那是從這算過去的第二湖寶生佛魂湖和第四湖阿彌陀佛魂湖（又名達那果夏湖，湖畔發亮白點即小寺廟）。第三湖和第五湖則因角度關係，暫時看不到。

沿著湖畔小徑走過第二湖，這才看到隱藏在山凹裡的第三湖。

山徑在湖與湖之間上上下下，溼滑難行，越過小溪，穿行水草豐美的沼澤，最後翻過小山坡，抵達第四湖達那果夏湖，海拔 3620 公尺。

第三湖比第二湖地勢低，2015 年 8 月二度朝聖時，因雨勢磅礴，水流形成瀑布從第二湖流入第三湖。

湖畔小寺廟以木板和鐵皮蓋成，一旁另有兩小屋供朝聖者住宿和煮食。

湖左側上方，懸掛風馬旗的岩壁間有一小屋，我上師曾在那長期閉關。

第5天清晨太陽初升，湖面半明半暗幻化，象徵蓮師銅色吉祥山宮殿的湖中小島倍顯莊嚴。（照片旋轉九十度，宛如普巴金剛杵）

向湖獻哈達後，沿左側亂石堆往上爬，不久便見阿彌陀佛魂湖全景，此湖被蓮師授記為和烏金淨土的達那果夏湖無二分別。（圖右側可見第三湖一隅）。

上 |
再往上走，位於達那果夏湖上方的第五湖大日如來佛魂湖也現身了。

下 |
五魂湖同時盡覽，自近往遠依序代表大日如來、阿彌陀佛、金剛不動佛、寶生佛、不空成就佛。我們全員讚歎頂禮。

山徑以達那果夏湖為圓心順時針繞行，不久，前方出現孜大布日神山與下方無名湖，頂端三峰代表
蓮師法身、報身、化身。

上 |
用長鏡頭拉近達那果夏湖中島蓮
師銅色吉祥山宮殿，此角度看到
的是島上蓮師法座背面。

下 |
左側下方出現大大小小湖泊群，
難怪資料記載此區共有 108 個山
中湖。

離開五魂湖繼續前行，沿稜線上下走約 1 小時，抵達孜大布日鞍部佛塔，海拔 3900 多公尺。大家頂禮結手印獻曼達供養諸佛菩薩，再各自誦經文。

自鞍部開始轉為以孜大布日神山為中心繞轉一圈朝聖，途中經過蓮師閉關修行洞。

孜大布日轉山圓滿，接回轉湖的山徑。之後經過阿彌陀佛聖跡，眾人拔下頭髮除障祈福，嚮導吉達還用山刀割下指甲。

霧中來到空行母跳舞獻供聖跡，大家跳舞唱歌後趕緊下山，天黑前回到小寺廟，製作多瑪進行薈供，圓滿朝聖。

初入道主要的魔障

自國中開始爬山，高中登玉山，大學便具備高山嚮導和領隊資格。持續登山半世紀，從來也沒像 2011 年朝聖孜大布日神山時走得那般淒慘。

最後兩天我體力處於透支狀態。當時已在山區待了 6 天，除兩餐吃印度速食麵，兩餐麵疙瘩，兩餐烙餅外，其餘每餐都吃米飯淋上 dal（印度扁豆煮成的濃汁）。早晚吃熱的，中午吃冷的，最初幾餐還沒問題，後來一聞到 dal 味道就噁心反胃，食不下嚥。

台灣登山一般都會帶「行動糧」，例如糖果、餅乾、巧克力等，在行進中隨時補充能量和體力。藏民沒這習慣，我原先抱持隨順貝瑪貴朝聖方式的想法，也沒準備。

圓滿轉山轉湖後，天氣變差，第 6 天下山，風雨交加，氣溫驟降，一路不敢停留，連續走將近 12 小時。山路爛泥加倍溼滑，夾雜樹根糾結，我跌倒多次，狼狽不堪。

有時爛泥太深，踩下時爛泥從中筒鞋上方進入，每人看了都搖頭說我鞋不好，我只能看著這雙專業昂貴的 Goretex 登山鞋苦笑，真的還不如他們穿一雙 300 盧比的長筒雨鞋！

衷心感謝 2011 年同行協助的 3 位喇嘛（2 位藏族 1 位珞巴族，最大 23 歲最小 18 歲）。至今已過 12 年，1 位還俗，1 位自佛學院畢業成為洛本阿闍黎，1 位轉任寺廟事務喇嘛，人生變化何其大！

第 7 天，大家決定再把上山時走兩天的行程併為一天趕路下山，我其實已力不從心，但看到他們全身溼透的慘狀，咬咬牙，就走吧！這天從海拔 3200 公尺下降到 850 公尺（創下我一日之內下降最多海拔距離的紀錄），陡下兼爛泥、樹根、大小石頭糾結，雙腳走到發軟。

連續幾天沒吃多少，前一天已走 12 小時，體力耗盡，雙腳呈現只要一停下就微微發抖的悲慘狀態。

試著用禪修的方法面對，靜靜地看著痛，告訴自己那只是肌肉筋骨在痛，痛沒有自性存在，不分別不評斷～

走著，走著，走成一種韻律，形同反射動作，抬腳，踩下，換一隻腳，再抬腳，踩下……，身心一片空白，痛的感覺減淡了，或者該說是麻痺了，我像是一個會走路的機器人，機械式地向前走……。

這天從早上 6 點走到黃昏 5 點半，晚上睡女挑夫家，兩隻腳酸痛得不知如何擺放。腳掌腫脹得像「發糕」；往上至小腿到處是螞蝗咬過的痕跡；全身上下好幾處破皮和淤青；兩手臂布滿數十處不知被什麼蟲咬的新舊痕跡；臉上則是蚊子留下的點點紅豆；雙手乾皺黑腫，不少刮傷……。

翻來覆去睡得極不安穩，彷彿還在山中密林裡上坡下坡。但我最沮喪的不是這些，而是自己過不了食物這關。

耶謝措嘉佛母曾問蓮師：

「修持道時，最大的障礙是什麼？」

「最初入道的階段，任何會讓你的心落入偏歧的情況都是障礙。在一般情況中，衣食則是最主要的魔障。」

我原本就不重視美食華服，退休後更是簡單過生活，本以為已能擺脫衣食束縛，沒想到這回同樣的食物才連吃幾天就受不了，汗顏懺悔啊！

報身大悲觀音聖地日沃達拉（普陀山）

神山「日沃達拉」是藏語讀音，意指「布達拉山」，和普陀山一樣，都是梵語 Potalaka（普陀洛伽）的音譯，也就是觀音菩薩的道場。

觀音菩薩是慈悲的化身、苦難的救度者，藏民相信從吐蕃時期的歷代藏王一直到 14 世達賴喇嘛，都是觀音菩薩的化身，整個西藏就是觀音菩薩化現的淨土。藏民尊崇觀音菩薩，教導小孩會說話就會念〈六字大明咒〉（又稱觀音心咒短咒）嗡瑪尼唄美吽。

2013 年 10 月，3 位港台弟子隨上師堪布徹令多傑仁波切，在 2 位洛本、1 位喇嘛及 7 位 Nyering 村藏民[1] 及 2 位主動同行的阿佳拉[2] 陪同下，揹著登山裝備、法本法器及薈供相關物，從土亭村開始徒步，溯源仰桑河，朝聖日沃達拉和貝瑪謝日兩座神山。期間因山區豪雨延宕行程，前後耗費 20 天才圓滿轉山[3]。

何謂轉山？西藏人這樣定義：「在專心一意的持咒祈禱中，繞著神聖之地順時針走一圈。」轉的對象不只是神山、聖湖，還有寺廟、瑪尼堆、佛塔等都可以。在「轉」的過程中，能帶來身心靈的淨化。

---

[1]　Nyering 因缺經費，村中一直沒寺廟，後由堪仁波切贊助興建，全村為表感激，發動 7 位村民協助朝聖轉山。

[2]　藏人對中年婦女的尊稱。

[3]　詳細請參看《我隨上師轉山：蓮師聖地溯源朝聖》一書。

自寺廟徒步 3 天抵達仰桑貝瑪貴最深山的亞米林村，圖中溪谷即仰桑河。

左 |
第 4 天離開人煙，跨越仰桑河簡陋竹橋，展開
日沃達拉神山朝聖之旅。

右 |
剛開始大家走一起，休息時説説笑笑，不久，
藏民腳程快，就不見蹤影了。

中午抵達海拔 2500 公尺的木寮，上師帳篷搭在離木寮不遠的林中。午後，侍者喇嘛提醒大家：上師開始修法了，別去打擾。（索南喇嘛攝）

左｜
陡峭路段幸好有就地取材製成的簡易木梯，協助攀爬。

右｜
第 5 天路徑難行，有多處因豪雨造成的坍方。

速度快的藏民一路領先，我隨上師和侍者喇嘛同行，另兩位師姐由上師姪子彭措陪同殿後。9點時
還看到上師身影，之後雨勢增大，他們步伐加快，拉開距離。我一路獨行，雨中上上下下翻越山頭，
快筋疲力盡時終於看到山谷對面半山腰的白色岩石：今晚住宿的大普巴營地！

第 6 天，以大普巴營地下的天然石台為供桌進行薈供。像變魔術般，藏民從背包裡取出眾多薈供品。

近午雨稍停，出發轉山，預計 5 小時，天黑前返回（結果摸黑才回到營地）。出發前，上師帶領眾人祈請轉山順利。

以此為啟程點，往左順時鐘繞轉神山後，將自圖中右上方雲霧中的鞍部下來，圓滿一大圈；鞍部平台係空母跳舞獻供聖跡。（索南喇嘛攝）

第一座聖湖名為「供養措」
（措即藏語湖的意思）。

離開供養措，爬上山坡，左下方出現第二座聖湖
「淨土措」，彭措說英語就叫「天堂湖」。

再往前走，到達代表法身、報身、化身的「三身措」。
（索南喇嘛攝）

離開多湖區，爬上岩峰陡坡。

翻越稜線後，左下方山谷又一聖湖「綠度母措」。

位於大片岩壁上方的蓮師法座聖跡，
座前供奉著天然的石頭朵瑪食子。
（索南喇嘛攝）

右 |
因人多速度慢，經過此聖跡已天黑，上師介紹業力清淨
者才能自兩石塊間空隙鑽過，業力不清淨者會被卡住。

左 |
第7天，侍者喇嘛及幾位藏民陪前一天在營地休息的兩
位師姐去轉山，其餘人在上師帶領下煨桑修法，雲層逐
漸散開。第8天下山，回看空行母跳舞獻供的U型鞍部，
轉山最後就從那裡越過，回到啟程點圓滿一圈。

雨中獨行，祈請蓮師

第5天，我原本和上師及侍者喇嘛走一起，後來雨勢增大，他們愈走愈快，沒多久我就看不到他們。而殿後的兩個師姐走很慢，若停下等她們，雨中不動很容易失溫，決定按照自己速度前行。

從早上9點多開始雨中獨行，直到下午4點抵達大普巴營地。在惡劣天氣的陌生山區，沒地圖資料（只知晚上要住大山洞營地），一個年近六旬的女性獨行，其實有點危險，若非我在台灣登山經驗豐富，也曾多次海外高山健行，很可能就迷路失蹤了。

途中有兩次找不到正路，第一次在望不到邊緣的廣大岩石區，雨霧中能見度差，一眼望去只看到大小高低錯落的石頭，完全看不到路跡，我大聲「喲－嗬－」，盼望前後有藏民應答，卻只聽到雨滴落下和山風吹過的聲音。

站定等了一會，愈來愈冷，硬著頭皮往前走，石頭長滿青苔，十分溼滑，手持藏民砍的木棍作為登山杖支撐，小心翼翼移動腳步，走了10多分鐘，前後左右還是岩石群。依照登山安全守則，留在原地等候才是良策，但殿後的人遲遲未到，怎麼辦？四周完全沒避風擋雨處，站著不動，很快就會失溫了。

突然靈光一閃，祈請蓮師！剎時信心泉湧，我大聲以貝瑪貴傳統旋律唱誦蓮師心咒，風雨中唱再大聲也不怕吵到人。不知過了多久，後面的人依然沒到，但迷濛的雨霧稍微散開，極目四望，看到稍遠處兩塊大石頭之間的土路依稀有鞋印痕跡，走過去確認，找到正路了！

第二次找不到路是下到谷底，原本從鞍部還看到對面山腰的大普巴營地，艱難地沿著溼滑難行布滿大小亂石的溝澗下到谷底後，草地全被水淹沒，完全看不出路跡，抬頭也看不到山洞位置，只好大喊「喲－嗬－」，還好前方樹林中立刻傳出回應，正在砍柴的藏民現身指點我如何

走。

最後那段上坡路累到只能形容——舉步維艱，寸步難行。

抵達人普巴營地已4點，阿佳拉和幾位藏民對我豎起大拇指誇獎，我無言苦笑，兩位阿佳拉1點就到了，而更早到的人是12點。真是神勇啊！

侍者喇嘛跑過來向我解釋，上師本來要等我，但因下雨，上師僧裙全溼透了，一停下就冷得發抖，他只好提醒上師快走，想說我後面還有殿後沒關係。

我微笑回答：「是沒關係，蓮師有來幫我～」

於大普巴營地和兩位阿佳拉合影，她倆經常結伴朝聖，已來過日沃達拉神山20次，令我由衷讚歎！

法身阿彌陀佛聖地貝瑪謝日（蓮花晶山）

貝瑪謝日（藏語，意思是蓮花晶山）代表阿彌陀佛的聖地，阿彌陀佛又稱無量光佛和無量壽佛。在大乘佛教裡，阿彌陀佛主掌西方極樂淨土，藏傳佛教又視其為五方佛之一。

貝瑪謝日神山從深山最後一個村落亞米林出發，快腳者兩天就可抵達最靠近神山的山屋，再以半天時間繞轉神山。

第 1 天從亞米林村出發，約 1 小時走到海拔 1800 公尺的西姆林，昔日此處也有聚落，但目前只剩 4 戶未搬遷，其中一戶是上師的親戚。

上師親戚家的佛堂，簡單莊嚴。　　　　　　　　豪雨造成土坡滑落，需手腳並用通過。

　　2013 年轉山時，氣候異常，已 10 月了還持續下大雨。我們先朝聖日沃達拉神山後回到亞米林村，村民告知仰桑河暴漲，沖斷幾座簡易木橋，暫時無法前往貝瑪謝日。全員被困山村，隔天雨小，再多等了一天才出發。

　　但暴漲的溪水尚未全退，昔日沿溪畔走的小路仍淹在水中，藏民持山刀砍樹架梯架橋；爬上河畔山坡高繞；橫切緊臨斷崖的險稜刃脊；穿越灌木叢盤根錯節的窄狹山徑；涉水走過支流山溪及溝澗；穿行溼滑茂密原始森林……。

　　上師一路修法，走了 3 天，平安抵達神山腳下最後一座山屋，天氣轉晴，山上晶瑩一片，幸好積雪未深，順利轉山。

　　下山後，與帶著慰問品前來支援的寺廟喇嘛會合，隨上師先往山中各藏族和珞巴族村落關懷，再返回寺廟。

左上｜
溪畔小徑淹沒在水中，臨時砍木頭架木梯攀爬越過。

右上｜
土石流坍塌，掩蓋了原本沿溪畔通行的朝聖路。

右下｜
傳說此處有老虎出沒，藏民通常不住宿，直接上山，但此次路況艱難，行進速度慢，只能住下。我們被叮嚀別去水源處擦洗身體，以免觸犯護法。

左下｜
第2天，有時橫跨溪澗木橋，有時離開溪谷，穿行茂密原始林。夜宿密林中木寮，藏民煨桑，上師修法，法界蒙薰。

第 3 天中午抵達神山腳下最後一個山屋,
遠方為孜大布日神山。

上師帶領大家向貝瑪謝日神山頂禮。

向北眺望，西藏境內的南伽巴瓦山彷彿近在咫尺。

貝瑪謝日神山晶瑩壯麗，展現帝王氣勢。

第４天一早上師帶領修〈蓮師薈供〉及〈山淨煙供〉後出發轉山。（索南喇嘛攝）

雪地憑空出現十多個足印，前後都是平滑積雪沒印跡。我和亞 Lu 猜是雪人（會跳躍），藏民說像老虎腳印，上師說是神山護法。

天然石柱挺立於雪地中，紅色身影是洛本，要將格薩爾旗插在最高處。

遠望前幾天朝聖過的日沃達拉神山（也下雪了），終於看清廬山真面目。從右側U型鞍部下方啟程，往左環繞主峰一圈，自後方接回U型鞍部下山。

三山峰代表西方三聖，中間是阿彌陀佛，兩旁是觀音菩薩和金剛手菩薩。

下山返程途中，有「蓮師帽」之稱的山峰
於雲霧中浮現，山頂積滿白雪。

圓滿轉山後續走３天返回人煙，抵西姆林住
處，脫下雨鞋和襪子，這狼狽的手和腳，布
滿朝聖留下的印記！

右前方連綿的山谷底即仰桑曲，一路蜿蜒
流入雅魯藏布江。（亞 Lu 攝）

圓滿朝聖三神山五魂湖

走過雅魯藏布江上方長長的籐索吊橋，橋頭站著幾位寺廟喇嘛，笑吟吟送上熱奶茶及餅乾。

坐下喝茶吃餅乾閒聊，據說我和亞Lu已成為「話題人物」，因為首度有貝瑪貴藏民之外的人，而且還是女性，一次完成兩座神山朝聖。

從此之後，上師對初見面的藏民要介紹我時，必加上一句：「這個很厲害，仰桑貝瑪貴三座神山都朝聖過了！」

我和亞Lu請求與上師合影紀念，我們全身上下慘不忍睹。但外在雖骯髒不堪，內心卻清明，肉身也感覺無比輕靈。

搭上寺廟吉普車，背部往後倚靠座椅，整個人放鬆後，突然意識到：「朝聖結束了！」心中莫名升起一股輕微的失落感。

回憶這20天完全不同於台灣常軌的生活，我欣慰自己能以堅定信心，全程安住。

上師曾一再提醒要到貝瑪貴朝聖的弟子，堅定的信心最重要，因為諸佛菩薩的加持要進入內心，靠的就是自己具有堅定的信心；假設沒有堅定信心，就算諸佛菩薩在眼前降臨，也得不到任何加持。

珍惜每一次貝瑪貴聖地之行，珍惜與上師的師徒之緣，學佛道上，明師難求今已得！

心中更無限感謝成就此次朝聖轉山的眾多相關人員，除了祝福他們，也虔誠迴向：願以此趟朝聖轉山所積聚的功德，迴向給一切如母眾生！

於山區關懷各村落兩天後，回到20天前徒步啟程處：雅魯藏布江吊橋

全體朝聖者於貝瑪謝日神山合影，感謝侍者喇嘛索南彭措為大家拍照留念。

三鎧甲聖跡

身鎧甲：大鵬金翅鳥

《貝瑪貴聖地誌》記載整個貝瑪貴隱密聖地由佛之身、語、意三鎧甲守護，身鎧甲是一雌一雄之大鵬金翅鳥聖跡，代表佛身無畏之功德。

大鵬金翅鳥是傳說中一種類似鷹的鳥，在西藏代表火元素，在印度教則是毗濕奴的坐騎，半人半鳥。貝瑪貴的大鵬金翅鳥聖跡有兩處，分為一雌一雄，雌鳥（代表佛母）位於密林中，雄鳥（代表佛父）位於雅魯藏布江畔草地。一般相信雌鳥的威力大於雄鳥，因此環繞著雌鳥聖跡周圍掛滿五色風馬旗，有眾多祭拜、煨桑痕跡。相較之下，雄鳥周圍略顯冷清。

天然光滑圓石代表大鵬金翅鳥雌鳥聖蛋，若能將最巨大的聖蛋扛在肩上繞轉雌鳥聖跡一大圈，代表業力清淨。

大鵬金翅鳥雌鳥聖跡。

大鵬金翅鳥雄鳥聖跡位於雅魯藏布江畔。

語鎧甲：馬頭明王

. . . .

　　《貝瑪貴聖地誌》記載整個貝瑪貴隱密聖地由佛之身、語、意三鎧甲守護，語鎧甲是馬頭明王聖跡，代表佛語無畏之功德。

　　馬頭明王係觀音菩薩千萬個化身之一，是為利益眾生、協助修行者降魔除障而現的形相，凶惡忿怒，由於以馬置於頭部，或稱「馬頭觀音」。

　　馬頭明王聖跡緊臨雅魯藏布江畔，夏季時江水暴漲，聖跡大半被淹沒於江中，只有冬季枯水期水位下降才會顯露。

　　可走小路直接抵達聖跡朝聖，也可走上橫越雅魯藏布江的吊橋，從上往下遠觀，感受馬頭明王聖跡不同角度的威武感。

馬頭明王聖跡位於雅魯藏布江畔，只有冬季枯水期才整個顯露。

站在雅魯藏布江吊橋，遠望馬頭明王聖跡。

意鎧甲：金剛手菩薩

《貝瑪貴聖地誌》記載整個貝瑪貴隱密聖地由佛之身、語、意三鎧甲守護，意鎧甲是金剛手聖跡，代表佛意無畏之功德。

金剛手菩薩因手執金剛杵而得名，也是大勢至菩薩的忿怒化身，被歸為「悲智勇」三尊之一，合稱三怙主。其中，悲的代表是觀世音菩薩，智的代表是文殊菩薩，勇的代表即金剛手菩薩，具有除惡降魔的廣大神力。

金剛手聖跡位於札西崗寺（札昂林巴傳承）外側，是塊巨大石頭，上有一天然形成的金剛手圖案。目前主持寺廟的瑜伽士多傑滇津從小就隨住持父親天天看著這聖跡，他表示小時候這塊石頭比較小，逐漸變大，連上面的金剛手圖案也變大了，非常神奇。

2018 年底，南開智美冉江仁波切以親筆書邀請善男信女慷慨解囊：「出生札西崗的阿雅薩雷，被視為馬頭明王化身，其轉世為伏藏師敦炯札昂林巴，他曾認證一尊自生的金剛手菩薩石像，時至今日，此神奇奧妙加持力未曾消散。以是因緣，喇嘛昂旺之子多傑滇津計畫於此聖地建造一尊 20 呎高的金剛手菩薩銅製佛像，能消除各種魔祟危害之暫時逆緣障礙。」此銅製佛像後已完工。

金剛手聖跡與札西崗舊寺。

金剛手聖跡一旁有許多天然石柱，護衛著 2013 年重修彩繪的札西崗新寺。

其他聖跡

八大黑嚕嘎壇城

八大嘿嚕嘎直譯是指修部八教或八大法行，以有相方式觀修，包括寂靜尊與忿怒尊。雖然有人主張不宜譯為「八大黑嚕嘎」，但一般仍如此稱之。

貝瑪貴的八大黑嚕嘎壇城聖跡位於仰桑河與雅魯藏布江匯合口附近，夏季江水高漲，大部分淹沒於水中，只有冬季枯水期才全部顯露，就能爬上石壁繞轉一圈。

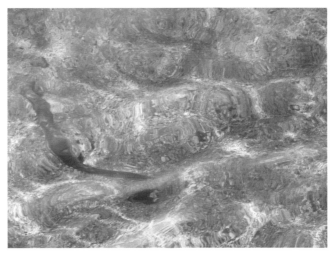

傳說仰桑曲由綠度母眼淚化成，陽光照射下，溪水經常閃爍著珍寶玉石般的色澤。

傳說仰桑河由綠度母（觀世音菩薩化身之一）眼淚化成，非常清澈；而雅魯藏布江（印度稱布拉馬普特拉河）夏季因豪雨沖刷帶來大量泥沙，江水混濁，只有冬季略為清澈，但仍比不上仰桑河。只要站上八大黑嚕嘎壇城聖跡高處，便可清楚看到匯流口水色一深一淺的景觀。

據說在此壇城聖跡，還曾有瑜伽士看到八大嘿嚕嘎的顯相。

八大黑嚕嘎壇城聖跡，夏季大半隱身於水中，冬季枯水期才逐漸顯露。

冬季可爬上石壁，繞轉八大黑嚕嘎壇城聖跡一圈。

佩解脫石

　　此聖跡位於珞巴族村落 Nyaming 和 Kuging 中間（兩村相距約兩小時步程），下切到仰桑河畔。根據記載，依石頭大小分為大中小三處，最大的那處路程遙遠，一般較少前往。

　　什麼是「佩解脫」？藏傳佛教有六種「不修而得解脫」。第一「見解脫」，見到聖物及聖者、大師而得到解脫；第二「聞解脫」，臨終時聽聞《西藏度亡經》教法而得到解脫；第三「嘗解脫」，大師加持過的大悲水、甘露水、甘露丸，嘗後而得到解脫；第四「觸解脫」，碰觸聖物、舍利子、佛像等而得到解脫；第五「佩解脫」，佩

小佩解脫石（上師特將此圖案以透明壓克力封膜製成鑰匙圈，弟子隨身佩戴）。

中佩解脫石位於江畔沙地，朝聖者以小石頭堆疊瑪尼堆禮敬。

帶咒語、佛像、上師所加持過的法物而得到解脫；第六「憶解脫」，憶佛念佛而得到
解脫。

　　這是針對因緣俱足、心相續成熟的人而言，才能一旦見、聞、嘗、觸、佩、憶，
便有如瓜熟蒂落，當下開悟得解脫。而一般人無法如此，但由於這些都是殊勝聖物，
只要能見到摸到，也都能提升信念，轉化心性。

　　菩提昌盛寺二樓也設有一間「見解脫室」，上師慈悲，考量當地居民除年輕學子
外出求學及工作外，其他人很少離開山村，不知世界之大，便特地收集南傳、藏傳、
漢傳佛教的不同佛像文物，及近代大成就者的法像、法袍、法器、舍利子，還有見解
脫、觸解脫的伏藏物……等眾多珍貴聖物，供民眾參觀。

誅聖跡

　　密宗中的息、增、懷、誅四種事業，息業即息滅疾病、魔障、罪業等違緣；增業即增上名聲、財富、地位、智慧等；懷業即懷柔一切人和非人；誅業即以大悲心為眾生降魔，消除魔障。

　　此聖跡位於距土亭村約半小時車程，徒步穿越密林，陡下山坡，約數十分鐘抵雅魯藏布江畔，一處廣大腹地布滿形形色色巨石，被記載為息增懷誅四種事業中之誅聖跡。若能於此修馬頭明王、金剛橛等忿怒本尊法，威力備增。

誅聖跡位於雅魯藏布江畔，長期經江水沖刷切割，奇岩怪石林立。

上師堪布徹令多傑仁波切。

於此聖跡修忿怒本尊法，威力備增。

地不變鎮壓大殿

　　昔日共有四座：巴希卡、基拉央宗、噶瓦企宗、耶瑪夏等四座大殿。因年久衰損失修，加上在恢復上極端欠缺順緣資具，至今無法復興。除了普巴金剛的剎土基拉央宗還看得到一些痕跡，甚餘均已消逝無蹤。

　　有一回朝聖基拉央宗，突然出現一隻懷孕野山豬，在我們四周繞轉徘徊，最後上師為其授皈依，立刻離去，非常神奇。

　　除了上述眾多聖跡，還有金剛薩埵，靈鷲山，多聞子寶庫等聖跡，記載於伏藏師札阿林巴的伏藏地誌中。另外還有眾多未記載的聖跡，等待具緣的伏藏師逐一去發掘，公諸於世。

普巴金剛的剎土基拉央宗聖跡，位於原住民珞巴族土地，不歡迎藏民前往朝聖，已漸荒蕪。

我的上師

感恩累世因緣，今世才得以皈依上師堪布徹令多傑仁波切，這是我尋覓多年才遇到的上師，相信在某一世我們必定也曾有過師徒因緣。

蓮師在授記隱密聖境時曾言：「在這個隱藏的土地，所有的山都像盛開的花朵；所有的流水都自發地背誦著咒語。……誰在這片土地上建設佛塔和寺廟，他就是我的使者。」

貝瑪貴位於遍遠的印藏邊界山區，共有16座小寺廟分布在不同藏村，最具規模的寺廟是上師於土亭村興建的菩提昌盛寺，2003年破土，經歷8年才建成。興建經費幾乎全靠上師募款，個中艱辛，一言難盡。

回顧本世紀初，我初接觸西藏僧侶，產生想要進入藏傳佛教殿堂的渴望，開始閱讀藏傳佛教書籍及聽聞不同教派上師開示。2005年獨自前往青藏高原自助旅行近兩個月，接著在西藏大學學習藏語文兩學期。回台後，直到2008年，因緣成熟，才皈依了堪布徹令多傑仁波切。

堪仁波切是寧瑪派白玉傳承在印度復建的南卓林寺第一屆佛學院所培育出的五位昇座堪布之一，1958年誕生在貝瑪貴，13歲時皈依轉世在貝瑪貴的敦珠法王二世，接受教法和灌頂，並在達娃祖古尊前接受四加行傳授。

有一天在田裡工作，不小心將一條蚯蚓砍成兩段，悲慟許久，母親有感於兒子深切的悲心，讓他前往依止當時住在尼泊

2010年7月，上師返鄉為菩提昌盛寺安置金頂。（貝瑪卓瑪攝）

菩提昌盛寺是貝瑪貴最具規模的寺廟。

爾的敦珠法王二世，六個月後，敦珠法王要前往法國，指示他到南印度依止貝諾法王出家，並預言他將來會利益更多眾生。

於是堪仁波切克服萬難，千里迢迢輾轉抵達南卓林寺，就讀雅久寧瑪佛學院9年，幾乎每次考試都得到第一名，通達顯密一切經論，也曾經在達賴喇嘛尊前辯經、講經，得到尊者相當肯定。

堪仁波切依止貝諾法王，修學加行法、氣脈、大圓滿立斷和頓超等，圓滿三根本咒數的閉關，並留在印度教學長達18年。接著，法王派遣他前往加德滿都雪謙寺擔任四年堪布（被僧眾尊稱為堪千），1996年又派他到四川康區白玉寺佛學院教學三年多。

前前後後，堪仁波切從根本上師貝諾

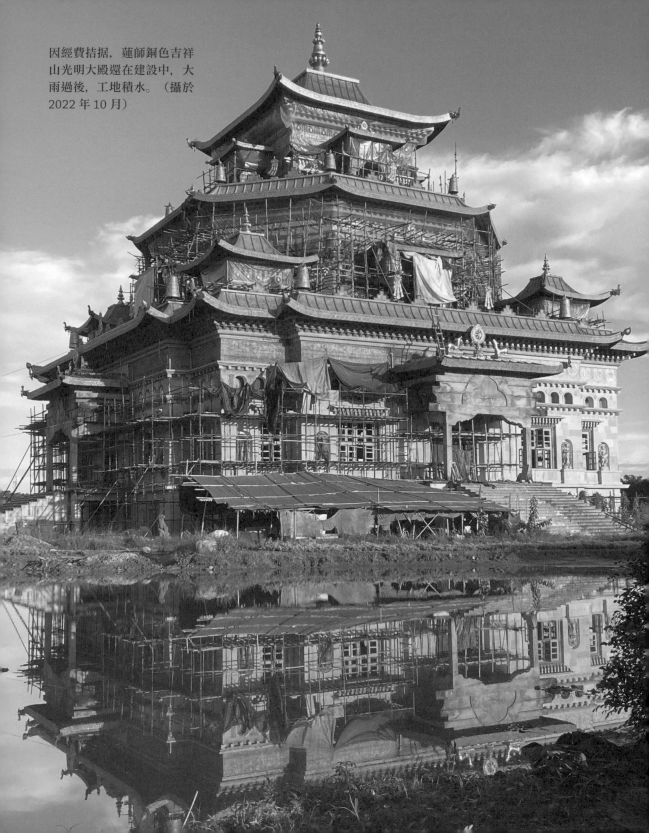

因經費拮据，蓮師銅色吉祥山光明大殿還在建設中，大雨過後，工地積水。（攝於2022年10月）

法王及頂果法王、多竹千法王、晉美彭措法王和其他諸多成就者處，得到寧瑪派一切教法的灌頂和口訣。由於堪仁波切奉行只要是正信佛法，即使教派不同，也應對其教法虔誠、恭敬，虛心學習。因此他除了從達賴喇嘛處得到格魯派傳承與時輪金剛的灌頂，也獲得薩迦派薩迦法王傳承的一切灌頂。

1997 年，當堪仁波切還在白玉寺主持佛學院時，達娃祖古圓寂，留下遺囑：「將來，利益貝瑪貴教法與眾生之責，要由堪布徹令多傑承擔起！」

達娃祖古是敦珠法王特別交待要留在貝瑪貴弘法的在家瑜伽士，等於是法王的代理人，被當地民眾視為惟一皈依處，遺言如此，令堪仁波切憂喜參半，於是請示亞青寺大成就者堪布阿秋仁波切，得到指示：

「達娃祖古的轉世也許出生在他家人其中一戶[4]，你若在該地建一座寺廟，對於教法與眾生將有很大的利益。」

1999 年堪仁波切從康區回到南印度，向貝諾法王請示，法王告訴他：

「你不只要建出家眾的寺院，也要設法建一座密咒士的寺院。……現在時局很好，住哪兒都沒差別，將來如果時局變壞了，那麼除了貝瑪貴別無去處，在蓮師授記中有許多這類的話。」

過了兩週再前往晉見，法王賜予寺名「也桑董阿蔣秋達杰林」（意為定密經咒菩提增廣洲，中譯稱為菩提昌盛寺），並寫下向不分教派的十方施主介紹堪布及勸善募款的信函，還指示他必需前往港台等地，結下法緣。

同年底，堪仁波切首先赴歐洲，再轉往新加坡、菲律賓、香港、台灣等地，展開弘法事業之輪。終於在 2001 年，於土亭村先建了 13 間臨時房舍，包括僧寮、

---

[4]　後轉世為達娃祖古女兒的小孩。

行政人員宿舍、廚房和倉庫等。

2002 年，堪仁波切二度來台，一時毫無助緣，數月間，每天僅以麵包裹腹，身雖困乏，道心不減，一心只為弘法利眾。這種為法忘軀、堅韌不屈的精神，終於感得法緣漸現，成立板橋弘法中心。

2003 年，邀請達賴喇嘛及貝諾法王蒞臨貝瑪貴加持，舉行建寺破土儀式。

從此，堪仁波切每年駐錫台灣十個月，指導弟子次第實修大圓滿法，並每月閉關一個週末；冬季返回貝瑪貴過藏曆

隨上師朝聖阿彌陀佛聖地貝瑪謝日（蓮花晶山）轉山時合影。

年，來回奔波，法緣漸廣，陸續成立了台北樹林閉關中心、香港弘法中心及高雄弘法中心。

2011 年，菩提昌盛寺落成，港台弟子共 60 多人前往歡慶。

2012 ～ 2013 年堪仁波切返回南印度，擔任南卓林寺佛學院院長。

2014 年，白玉主寺嘎瑪古千法王有鑑於北印度尚無莊嚴的寧瑪寺廟，指示堪仁波切設法，後擇定於阿薩姆邦 Silapathar 興建蓮師銅色吉祥山光明大殿，因經費拮据，至今還未完成。

近年來，法緣迭起，印度東北藏民區 Mio、臨近不丹邊境的 Jaigaon 及阿魯納恰爾邦首府 Itanagar，都各有一塊寺廟預定地，等待堪仁波切興建寧瑪寺廟。堪仁波切帶領著港台弟子，持續努力籌款中。

憶念著上師點滴的佛行事業，明師難遇今已遇，惟願跟隨上師，精進修行，為弘揚佛法盡心盡力！

後記：也無風雨也無晴

自從 2005 年 5 月（虛歲 50）首度獨行滇藏川大藏區近兩個月，遇見蓮師，和寧瑪派結緣，開啟之後一連串的朝聖之旅，直至 2023 年 4 月二度朝聖努日基摩磐。18 年來，走過無數蓮師閉關修行洞和蓮師授記的聖境，因大多位於偏僻山區，

2005 年首度以背包客方式獨行大藏區近兩個月（攝於甘孜藏族自治州大圓滿中心佐欽寺入山口）。

需跋山涉水，我幾乎都以背包客方式行動，個中甘苦，難以語言文字傳達。其中有幾次我甚至以為自己可能會死在朝聖路上了，幸而命不該絕，化險為夷。

那些如人飲水、冷暖自知的點滴呵，如今回首，只覺：歸去，也無風雨也無晴～

上師經常提醒「起心動念」及「調整動機」的重要，朝聖是一個積聚福德的重要方式，朝聖的動機是要培養自己智慧、慈悲、虔誠心和出離心；朝聖過程中的諸多挫折與辛勞都是修行的契機。只要具有堅定信心，遭遇的一切都是諸佛菩薩最好的安排。

每一次朝聖的記憶，像漫天飄揚的花絮，在青藏高原、印度、錫金、尼泊爾異國的天空下飛舞。小小個子的我，滿臉風霜，安步當車，一步又一步穩固地踏出腳步，

與蓮師一次又一次相遇。將蓮師留下的諸多聖跡，以圖文記錄成書，拼圖似地慢慢完成我多年來小小地、卻無比堅定的發願！

每每憶念著蓮師，心續對蓮師生起無比虔誠的信心，汗毛直豎，淚水也總無聲無息潤溼眼角，簌簌流下。

頂禮蓮花生大士，我願隨汝而修行。祈請賜予加持！

嗡啊吽，班雜古魯貝瑪悉地吽～

2023 年 4 月，二度朝聖尼泊爾努日基摩礱密境波堅雪山蓮師修行洞。

處理佛書
的 方 式

佛書內含佛陀的法教，能令我們免於投生惡道，並且為我們指出解脫之道。因此，我們應當對佛書恭敬，不將它放置於地上、座位或是走道上，也不應跨過。搬運佛書時，要妥善地包好、保護好。放置佛書時，應放在乾淨的高處，與其他一般的物品區分開來。

若是需要處理掉不用的佛書，就必須小心謹慎地將它們燒掉，而不是丟棄在垃圾堆當中。焚燒佛書前，最好先唸一段祈願文或是咒語，例如唵（OM）、啊（AH）、吽（HUNG），然後觀想被焚燒的佛書中的文字融入「啊」字，接著「啊」字融入你自身，之後才開始焚燒。

這些處理方式也同樣適用於佛教藝術品，以及其他宗教教法的文字記錄與藝術品。

此咒置經書中　可滅誤跨之罪

朝聖系列　JK0006

走過蓮師三大隱密聖境

——尼泊爾‧基摩礱／錫金‧哲孟雄／西藏‧貝瑪貴

作　　　者／邱常梵
責 任 編 輯／劉昱伶
業　　　務／顏宏紋

總　編　輯／張嘉芳
出　　　版／橡樹林文化
　　　　　　城邦文化事業股份有限公司
　　　　　　104台北市民生東路二段141號5樓
　　　　　　電話：(02)2500-7696 ext2736 傳眞：(02)2500-1951
發　　　行／英屬蓋曼群島商家庭傳媒股份有限公司城邦分公司
　　　　　　104台北市中山區民生東路二段141號5樓
　　　　　　客服服務專線：(02)25007718；25001991
　　　　　　24小時傳眞專線：(02)25001990；25001991
　　　　　　服務時間：週一至週五上午09:30～12:00；下午13:30～17:00
　　　　　　劃撥帳號：19863813　戶名：書虫股份有限公司
　　　　　　讀者服務信箱：service@readingclub.com.tw
香港發行所／城邦（香港）出版集團有限公司
　　　　　　香港灣仔駱克道193號東超商業中心1樓
　　　　　　電話：(852)25086231 傳眞：(852)25789337
　　　　　　Email：hkcite@biznetvigator.com
馬新發行所／城邦（馬新）出版集團【Cité (M) Sdn.Bhd. (458372 U)】
　　　　　　41, Jalan Radin Anum, Bandar Baru Sri Petaling,
　　　　　　57000 Kuala Lumpur, Malaysia.
　　　　　　電話：(603)90563833　傳眞：(603)90576622
　　　　　　Email：services@cite.my

內文排版／菩薩蠻電腦科技有限公司
封面設計／兩棵酸梅
印　　刷／漾格科技股份有限公司
初版一刷／2023年11月
ISBN／978-626-7219-63-8
定價／720元

城邦讀書花園
www.cite.com.tw

國家圖書館出版品預行編目（CIP）資料

走過蓮師三大隱密聖境：尼泊爾‧基摩礱／錫金‧
哲孟雄／西藏‧貝瑪貴／邱常梵著. -- 初版. -- 臺
北市：橡樹林文化，城邦文化事業股份有限公司出
版：英屬蓋曼群島商家庭傳媒股份有限公司城邦分
公司發行，2023.11
　面；　公分. -- (朝聖；JK0006)
ISBN 978-626-7219-63-8(平裝)

1.CST: 朝聖　2.CST: 佛教修持　3.CST: 世界地理

224.9　　　　　　　　　　　　　112015244